DK

el mundo en números
ANIMALES

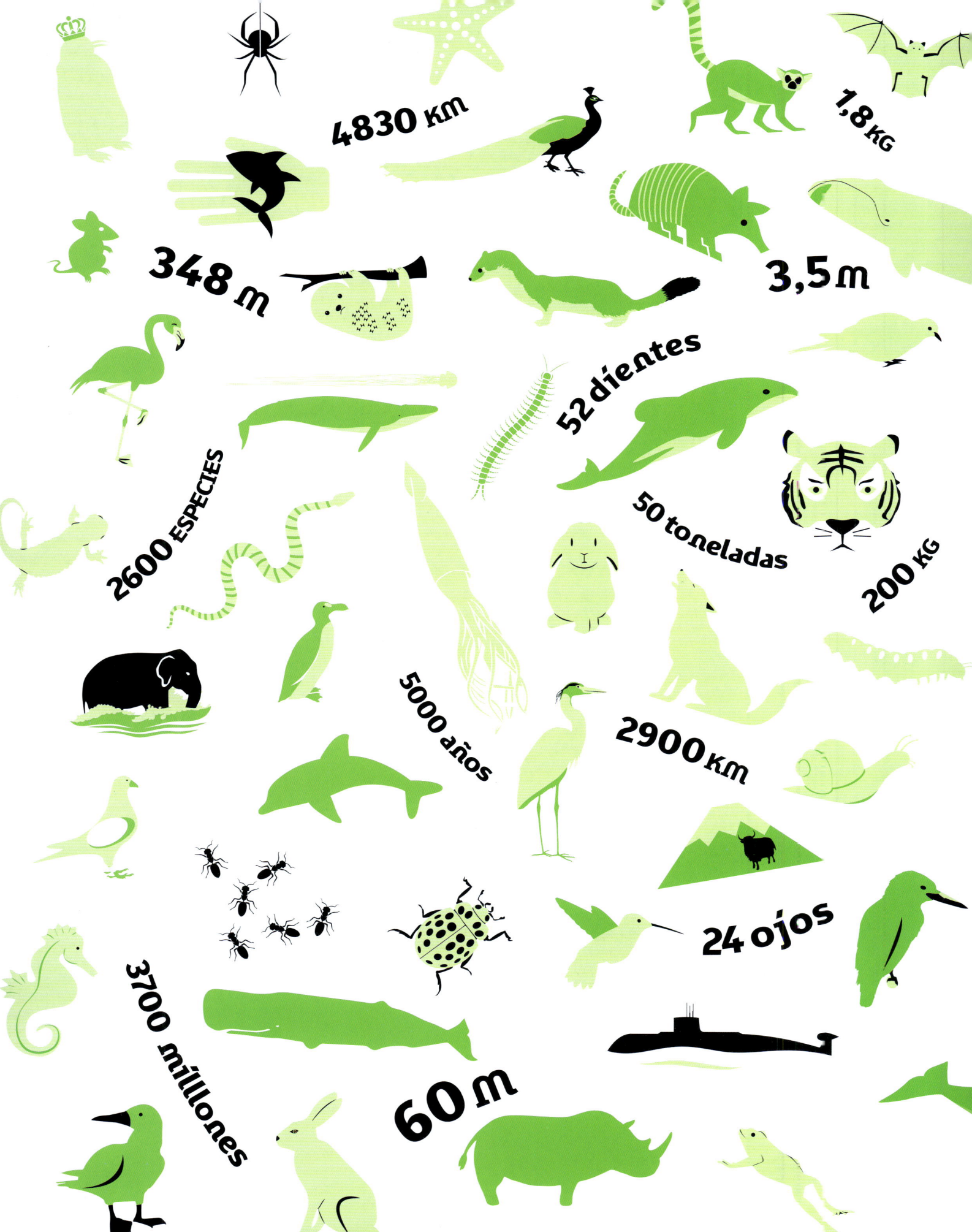

4830 km

1,8 kg

348 m

3,5 m

52 dientes

2600 ESPECIES

50 toneladas

200 kg

5000 años

2900 km

3700 millones

24 ojos

60 m

200 KG

9000 m

98,7%

DK

el mundo en números
ANIMALES

Escrito por
**RICHARD MEAD, WILLIAM POTTER
Y ANNA CLAYBOURNE**

24 KM/H

27 LITROS

39,3 CM

900 millones

20,1 KM/H

CONTENIDOS

DK Penguin Random House

Producido para DK por Dynamo Limited
1 Cathedral Court, Southernhay East, Exeter EX1 1AF

Edición asociada Claire Lister
Diseño asociado Jeremy Marshall

Edición sénior Carron Brown
Asistencia de diseño Beth Johnston
Edición ejecutiva Francesca Baines
Edición ejecutiva de arte Philip Letsu
Edición de producción Robert Dunn
Control de producción Laura Brand
Diseño de cubierta Akiko Kato
Coordinación de cubiertas sénior
Priyanka Sharma Saddi
Dirección de desarrollo de diseño Sophia MTT
Dirección editorial Andrew Mcintyre
Dirección de arte Karen Self
Subdirección de publicaciones Liz Wheeler
Dirección de publicaciones Jonathan Metcalf

De la edición en español:
Servicios editoriales Tinta Simpàtica
Traducción Anna Nualart
Coordinación de proyecto Marina Alcione
Dirección editorial Elsa Vicente

Publicado originalmente en Gran Bretaña en 2023
por Dorling Kindersley Limited
DK, One Embassy Gardens, 8 Viaduct Gardens,
Londres, SW11 7BW
Parte de Penguin Random House

Copyright © 2023 Dorling Kindersley Limited
© Traducción española: 2024 Dorling Kindersley Limited

Título original: *Our World in Numbers Animals*
Primera edición: 2024

ISBN: 978-0-5938-4817-3

Impreso y encuadernado en China

www.dkespañol.com

MIXTO
Papel | Apoyando la
silvicultura responsable
FSC™ C018179

Este libro se ha impreso con papel
certificado por el Forest Stewardship
Council™ como parte del compromiso
de DK por un futuro sostenible.
Más información: **www.dk.com/uk/
information/sustainability**

ANFIBIOS Y REPTILES

AVES

MAMÍFEROS

NOTA: LOS DATOS Y ESTADÍSTICAS DE ESTE LIBRO SON CORRECTOS EN EL MOMENTO DE SU IMPRESIÓN.

UN MUNDO DE NÚMEROS

¿Qué haríamos sin los números? Nos ayudan a comprender el mundo que nos rodea y nos permiten comparar unas cosas con otras. En este libro encontrarás cientos de datos sobre animales que conoces bien, y sobre otros de los que quizá no hayas oído hablar hasta ahora. En sus páginas hallarás respuesta a preguntas como estas... y muchas más.

¿A qué VELOCIDAD golpea el carpintero?

La velocidad es el tiempo que se tarda en ir de un sitio a otro, de la tortuga más lenta al guepardo más rápido. Se mide en km/h (kilómetros por hora) y cm/s (centímetros por segundo). La velocidad también puede relacionarse con la frecuencia con la que ocurre algo, que podemos medir, por ejemplo, en pulsaciones por segundo.

¿Qué CANTIDAD de huevos puede poner de una vez la estrella de mar?

Podemos contarlo casi todo –mascotas, personas, plantas o planetas– y eso nos ayuda a comprender números y conceptos que son realmente grandes.

¿Cuán RUIDOSO puede ser un anfibio?

Utilizamos los hercios para medir la frecuencia de un sonido. El volumen con el que se oye una criatura también se puede medir por la distancia a la que se la oye.

¿Cuán PEQUEÑA es el ave más menuda del mundo?

Las medidas de las distancias y los objetos, como los centímetros y los metros, nos informan de la anchura o la altura de algo. El tamaño nos indica lo grande o pequeña que es una criatura, desde una hormiga minúscula hasta una enorme ballena.

¿Cuánto PESA la serpiente más pesada del mundo?

Medimos el peso en gramos, kilogramos y toneladas para saber cuánto pesa un objeto o una planta o animal vivo. El peso también nos ayuda a hacernos una mejor idea del tamaño de algo.

INVERTEBRADOS

CORALES Y ESPONJAS

Aunque no lo parezcan, las esponjas y los corales son animales. Las esponjas son tan simples que el agua pasa a través de ellas y les da oxígeno y alimento. Están formadas por células que pueden desprenderse y convertirse en nuevas esponjas. Los corales son colonias de unos pequeños animales blandos llamados pólipos que están fijos en un lugar y forman un esqueleto calcáreo.

Las **esponjas** son los **ANIMALES MÁS ANTIGUOS** conocidos. Algunos fósiles de esponjas tienen unos **600–700 MILLONES DE AÑOS.** Uno de ellos podría tener una antigüedad de **890 MILLONES DE AÑOS.**

El **TIPO DE ESPONJAS MÁS GRANDE** son las **DEMOSPONJAS,** con casi **7000 ESPECIES** y el **90%** de todos los **TIPOS DE ESPONJAS.**

Se han encontrado **ESPONJAS** en las **AGUAS HELADAS DEL ÁRTICO,** en **FÓSILES** de hace **3000 AÑOS.**

La **MAYOR ESPONJA** conocida es una *LANUGINELLINAE.* Del **TAMAÑO DE UN MONOVOLUMEN,** mide más de **3,5 m DE LARGO** y **2 m DE ANCHO.**

Las **esponjas de barril gigantes** pueden vivir hasta **2300 AÑOS.**

La esponja **MÁS PESADA** que se ha pescado es una **esponja de lana** que se encontró en las Bahamas en **1909.** Cargada de agua salada, tenía un peso de **40 KG, LA MITAD DE LO QUE PESA UN ADULTO.**

La **Gran Barrera de Coral** es la **MAYOR ESTRUCTURA** construida por organismos vivos. Se extiende más de **2000 KM** y **SE VE DESDE EL ESPACIO.**

La temperatura ideal para que un **ARRECIFE DE CORAL CREZCA** en aguas poco profundas es de **23–29 °C.**

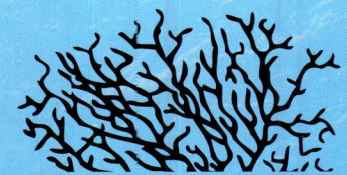

En **1 AÑO**, la **MAYORÍA DE LOS CORALES** crecen **1 CM**, pero el **coral cuerno de ciervo** puede crecer hasta **20 cm.**

Los **arrecifes de coral** cubren unos **256 000 km²,** es decir, el **1%** de la **SUPERFICIE TOTAL DE LA TIERRA.**

La **GRAN BARRERA DE CORAL** se compone de **3000 ARRECIFES** y **millones** de **CORALES.** Tiene **18 millones DE AÑOS.**

LA ESPONJA MÁS PEQUEÑA es la *Clathrina pulcherrima.* Cuando es adulta, mide **3 mm.**

Entre **2014** y **2017,** el **CALENTAMIENTO DEL MAR** ha causado el blanqueamiento de **⅓ del coral** y la **MUERTE DE UNA PARTE.**

Las **esponjas** son unos animales primitivos **SIN** OJOS, BOCA, CORAZÓN, PULMONES NI CEREBRO.

Las esponjas pueden **vivir** a grandes profundidades. Hace falta un submarino para ver **esponjas cladorrícidas** a **8840 m** de profundidad.

Si las miradas mataran...
La **CUBOMEDUSA** tiene
24 ojos.

El **95%** de una
MEDUSA es **agua**.

La **melena
de león ártíca**
es la medusa
MÁS GRANDE de todas.
La **MAYOR REGISTRADA**
tenía una campana de
2,3 m
de diámetro y tentáculos
de **36,5 m.**
**MÁS LARGOS QUE
UNA BALLENA AZUL.**

Las *Cassiopea*,
o **MEDUSAS
INVERTIDAS**
llevan algas en sus
**8 CORTOS BRAZOS
BUCALES.** Se ponen
BOCA ABAJO
para que las **ALGAS**
tengan luz solar
y puedan **CRECER.**

La **CAMPANA DE LA MEDUSA HUEVO FRITO** puede medir hasta **35 cm** de diámetro.

Pariente de las medusas,
la **carabela
portuguesa**
es un hidrozoo que
puede ser **MORTAL.**
Un **TENTÁCULO** de **9 m**
puede tener
750 000
dolorosas espinas o
nematocístos.

A finales de la década de **1990**,
en el **MAR NEGRO** había unos
900 MILLONES DE TONELADAS
de **ctenóforos**
o **MEDUSAS PEINE.** Eso es
más de **10 VECES** el peso de
todo el pescado capturado
en el mar **EN UN AÑO.**

Las **MEDUSAS**
suelen aparecer
en las costas en
GRANDES GRUPOS
o **FLORACIONES.**
En el año **2000,** una
floración en Japón
se componía de
583
**MILLONES DE
MEDUSAS.**

Gelatinosas
MEDUSAS

Realmente, las medusas no son peces, sino zooplancton, unos animales que flotan en el agua. Tienen la boca en el centro del cuerpo, rodeada de tentáculos con aguijones. Se desplazan por el agua contrayendo sus grandes campanas gelatinosas.

La **MEDUSA INMORTAL** (*Turritopsis dohrnii*) puede **REVERTIR EL CUERPO A SU FORMA JUVENIL DE LARVA** después de aparearse. Puede hacerlo hasta

10 veces.

La medusa **MÁS PEQUEÑA** se cree que es la **IRUKANDJI,** con una campana de solo

25 mm

de diámetro cuando es adulta, **COMO UNA MONEDA PEQUEÑA.**

La **MEDUSA NOMURA** es la campeona de los pesos pesados, con un peso de

200 KG,

TANTO COMO UN LEÓN ADULTO.

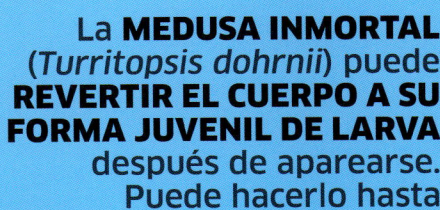

Las playas del **CONDADO DE VOLUSIA,** en **FLORIDA, EE. UU.,** registraron un total de

3900

bañistas **PICADOS POR MEDUSAS** en solo **15 DÍAS.**

En verano, el agua de la **BAHÍA DE CHESAPEAKE, EE. UU.,** se llena de

ortigas de mar.

Estas medusas **PICAN** un promedio de

500 000

bañistas **CADA AÑO.**

Existen **MEDUSAS** desde hace **500 millones DE AÑOS.**

En Palaos, en el **lago de las medusas,** puedes **NADAR** entre

millones

de **MEDUSAS QUE NO PICAN.**

Calamares, sepias y
PULPOS

Los calamares, los pulpos y las sepias son cefalópodos, término que significa «pies en la cabeza». Todos tienen una gran cabeza y fuertes brazos. Los pulpos tienen ocho brazos, mientras que las sepias y los calamares tienen diez.

Un **nautilo** es un cefalópodo que tiene caparazón y hasta **90 CIRROS,** una especie de tentáculos.

Usando un chorro de agua, el **CALAMAR VOLADOR JAPONÉS** se propulsa en el mar y **PLANEA HASTA**
30 m.

Los **OJOS** del **CALAMAR COLOSAL** son **GRANDES** como un **balón:**
27 cm
de diámetro.

El diminuto **pulpo de anillos azules** es tan bonito como letal. Su **VENENO MATA** a una persona en solo **15 MINUTOS.**

Los **CEFALÓPODOS CAMBIAN DE COLOR** para exhibirse, pero la **sepia** lo hace con
10 millones
DE CÉLULAS DE COLOR que tiene en la piel.

El **INVERTEBRADO MÁS GRANDE** del mundo es el
CALAMAR COLOSAL.
Puede llegar a medir hasta **14 m** de la cabeza a la punta de los brazos, pero rara vez se ve, pues vive en los océanos más profundos.

El **pulpo Dumbo** tiene **ALETAS EN LA CABEZA** que recuerdan las orejas de un elefante. **NADA A MÁS PROFUNDIDAD** que cualquier otro pulpo, hasta los **7 KM.**

El **CALAMAR MÁS PEQUEÑO CONOCIDO** es el *PARATEUTHIS TUNICATA.* Mide solo **1,3 cm,** aproximadamente **LO MISMO QUE UNA UÑA.**

El **PULPO GIGANTE DE CALIFORNIA** tiene **2200 ventosas** en sus **OCHO** brazos.

La hembra del **PULPO PROTEGE** sus **HUEVOS** de los depredadores. En **2015**, un pulpo de aguas profundas de la bahía de Monterrey estuvo **CUIDANDO** de sus crías **53 MESES.**

Un **pulpo hembra** puede poner hasta **500 000 HUEVOS** de una vez.

Las **SEPIAS** son tan **INTELIGENTES COMO UN NIÑO.** En pruebas de laboratorio han sabido **CONTAR HASTA 5.**

El **calamar vampiro** tiene la **MAYOR PROPORCIÓN** entre el tamaño de sus **OJOS** y el de su **CUERPO** de cualquier animal.

Mide hasta **28 cm** y sus **OJOS** tienen un **DIÁMETRO DE 2,5 cm.**

El calamar de **HUMBOLDT NADA** a una velocidad de hasta **24 KM/H.**

Los **PULPOS, SEPIAS** y **CALAMARES** tienen **3 corazones.** Dos bombean la sangre por las branquias; el otro, por los órganos.

Extraordinarios
EQUINODERMOS

Las estrellas de mar, los erizos de mar y los pepinos de mar pertenecen a un grupo de animales llamados equinodermos. Los equinodermos no son peces, porque no tienen columna vertebral y solo los encontramos en los océanos, ya que no viven ni en el agua dulce ni en la tierra firme.

Algunas **ESTRELLAS DE MAR VIVEN** en arenales hasta a **9000** m **DE PROFUNDIDAD.**

Las **ESTRELLAS DE MAR** pueden ser de muchos tamaños. **MIDEN** entre **1 cm** y **65 cm** de diámetro.

En **1968**, se encontró una **ESTRELLA DE MAR** en el **GOLFO DE MÉXICO** de **1,38 m** de diámetro.

La **ESTRELLA GIRASOL** es la estrella de mar **MÁS VELOZ.** Puede recorrer **1 m EN UN MINUTO.**

Las **ESTRELLAS DE MAR** suelen tener **5 brazos,** pero la **HELIASTERIDAE** tiene **50.**

Encontramos **ESTRELLAS DE MAR** en **TODOS** los **OCÉANOS.** Existen alrededor de **2000** especíes.

La **ESTRELLA DE MAR MÁS PESADA** es la *Thromidia catalai*, que puede pesar hasta **6 KG.**

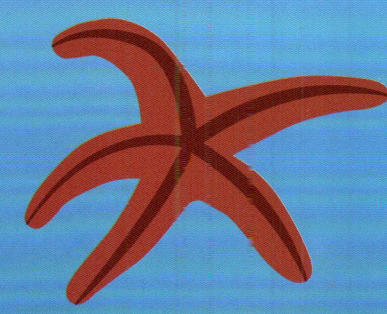

Las **ESTRELLAS DE MAR MÁS GRANDES** pueden estar **FUERA DEL AGUA** hasta **28** HORAS.

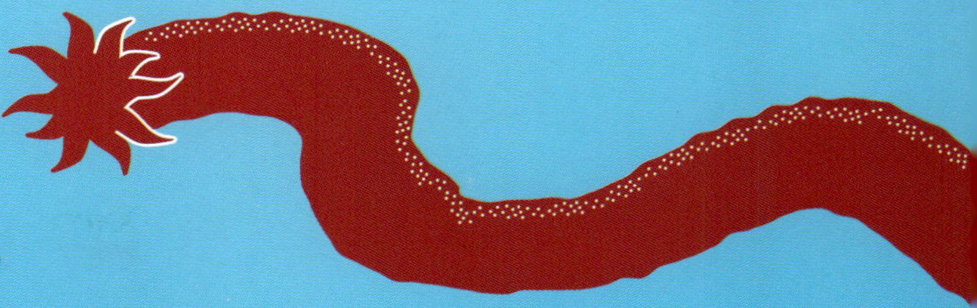

Los **ERIZOS DE MAR** son pequeños, pero el *Echinocyamus scaber* es el **MÁS PEQUEÑO**, con un diámetro de solo **5,5 mm.**

Algunos **PEPINOS DE MAR**, como el *Synapta maculata*, pueden **ALCANZAR** los **3 m** de longitud.

Un **ERIZO DE MAR** no tiene **huesos.** Tiene una **ESPECIE DE CAPARAZÓN** hecho de pequeñas placas encajadas.

Los erizos de mar son muy **LONGEVOS**. Se cree que un **erizo del mar Rojo** pudo llegar a vivir hasta **200 años.**

El **pepíno de mar VOMITA SUS ÓRGANOS INTERNOS** para ahuyentar a los depredadores. Le crecen **DE NUEVO** en **2 semanas.**

El **ERIZO DEL MAR ROJO** es el **MAYOR** de todos. Sus punzantes **ESPINAS** tienen **7,6 cm** de longitud.

Una **ESTRELLA DE MAR** puede **PONER 2,5 MILLONES DE HUEVOS** de una vez.

La **almeja gigante** es el **BIVALVO MÁS GRANDE.** Puede pesar hasta **340 KG,** tanto como un cerdo.

Las **6 ESPECIES** de **caracol arborícola cubano** están **EN PELIGRO DE EXTINCIÓN.**

En **1995,** Archie, un **CARACOL DE JARDÍN,** batió el récord al **VENCER** en una **CARRERA** de **33 CM EN 2 MINUTOS.**

En **1846,** el Museo Británico expuso dos **CARACOLES DEL DESIERTO** «MUERTOS», pero pasados **4 AÑOS** resultó que uno **ESTABA VIVO.**

Las **VIEIRAS** tienen hasta **200 OJOS.**

Solo **1 DE CADA 10 000 OSTRAS** salvajes tiene una **PERLA.**

LA **ALMEJA DE LAS PROFUNDIDADES** es el **ANIMAL DE CRECIMIENTO MÁS LENTO.** Se cree que tarda **100 años** en crecer solamente **8 mm.**

Los **gusanos** de la **madera** perforan la madera del fondo del mar y su cuerpo se **ESTIRA** hasta **1,5 m MÁS QUE CUALQUIER BIVALVO.**

GASTERÓPODOS Y BIVALVOS

Los gasterópodos y los bivalvos tienen un cuerpo blando sin columna vertebral y viven tanto en la tierra como en el agua. Entre los gasterópodos tenemos babosas y caracoles, que tienen un caparazón en espiral. Entre los bivalvos están las ostras, las almejas, los mejillones y las vieiras. Viven en dos valvas articuladas que abren y cierran con músculos.

El **CARACOL AFRICANO** es el **MÁS GRANDE**. Puede superar los **39 cm** de longitud.

El **caracol de las rocas** **COME ROCA CALIZA** para alimentarse del liquen que contiene. Un caracol come casi **5 GRAMOS** de roca en un año.

El **MAYOR GASTERÓPODO MARINO CONOCIDO** es la **TROMPETA AUSTRALIANA**. En **1979**, se encontró una de **77,2 cm** de longitud.

Los **CONUS** son caracoles que tienen un **ARPÓN** de **1 cm** con **VENENO** paralizante capaz de **MATAR** a una persona **EN POCAS HORAS**.

Hay **PERLAS ENORMES**. En **1934**, en una **ALMEJA GIGANTE** se halló la **perla de Lao Tzu**, del tamaño de una cabeza humana, que pesaba **6,4 kg**.

Los **mejillones** **SE ADHIEREN** a las rocas por medio de unas fibras llamadas **BISOS**. Cada una de ellas es capaz de **SOPORTAR** hasta **4,3 kg** de peso.

Los **GASTERÓPODOS** son el **SEGUNDO TIPO MÁS COMÚN** de criaturas. Existen más de **60000 especies** documentadas.

Geniales
CRUSTÁCEOS

Desde los cangrejos y las langostas hasta el kril y los percebes, los crustáceos tienen todo tipo de formas y tamaños. La mayoría viven en el agua y tienen una cubierta dura llamada exoesqueleto. Al crecer, pueden hacerse demasiado grandes para su exoesqueleto, por lo que se desprenden de él y desarrollan uno nuevo.

El crustáceo **MÁS GRANDE** es el **cangrejo gigante japonés,** con una **ENVERGADURA** de

4 m.

¡Es **TAN LARGO** como una **BELUGA**!

En **1921**, congelados en **ÁMBAR**, se encontraron los restos de una *Cretapsara athanata*, un **cangrejo de 100 millones de años.**

El **crustáceo más pequeño** es el diminuto *Stygotantulus stocki*. Solo mide

0,09 mm

de longitud y es **DEMASIADO PEQUEÑO PARA VERLO** a simple vista.

La especie de percebe **MÁS GRANDE** es el *Balanus nubilus.* Puede crecer hasta

12,7 cm

de alto y

7 cm

de ancho.

El **BOGAVANTE AMERICANO** es el crustáceo más **PESADO**. Se encontró uno de

20,1 kg,

el peso medio de **UN NIÑO** de entre **5 Y 6 AÑOS** de edad.

La **HEMBRA DEL BOGAVANTE** pone

3000

HUEVOS, que quedan **ADHERIDOS** a su cuerpo durante meses **HASTA QUE ECLOSIONAN.**

Al **bogavante** le **VUELVEN A CRECER LAS PATAS Y LAS PINZAS** perdidas, pero estas tardan

5 años

en **CRECERLE DEL TODO.**

El **kríl** es vital en la cadena alimentaria. Una **BALLENA AZUL COME** **3,6 millones** de ellos en **1 DÍA.**

El **KRIL** se agrupa en **CARDÚMENES** de hasta **10 KM** de ancho que **SE VEN** **desde el espacio.**

Se estima que hay unos **700 billones** de **KRIL** en el **OCÉANO ANTÁRTICO.**

En **2015** se encontró en **MAINE, EE. UU.,** una **LANGOSTA BICOLOR MARRÓN Y NARANJA.** La probabilidad de encontrar otra así es de **1 entre 50 000 000.**

Las **langostas viven más** que otros crustáceos. Su **LONGEVIDAD** es de **20–80** años, pero se encontró una con más de **100 AÑOS.**

El **CRUSTÁCEO MÁS VELOZ** es el **cangrejo fantasma.** Corre a **3,4 m/s.**

El **cangrejo gigante de río de Tasmania** es el **CRUSTÁCEO DE AGUA DULCE MÁS GRANDE.** Pesa hasta **5 KG** y mide hasta **80 CM.**

Hay **CRUSTÁCEOS FÓSILES,** como algunos de **PERCEBES,** que tienen hasta **500 MILLONES DE AÑOS.**

Existen unas **70 000 ESPECIES DE CRUSTÁCEOS.** No se conocía ninguna especie **VENENOSA** hasta que en **2013** se descubrió el **remípedio cavernícola.**

La mayoría de los **ARÁCNIDOS** tienen **8 PATAS** y **SU CUERPO** consta solo de **2 SEGMENTOS.**

La ARAÑA PAVO REAL mide solo **4 mm** de **LARGO**, pero puede **SALTAR** más de **20 veces** su **LONGITUD.**

LOS EXPERTOS CREEN que hay unas **500 000 ESPECIES** de **ARÁCNIDOS AÚN POR DESCUBRIR.**

Las **hebras de seda** de una **telaraña** son **5 veces MÁS FUERTES QUE EL ACERO.**

La **TARÁNTULA GOLIAT** tiene una **ENVERGADURA** de **30 cm,** como un plato grande. Es la **ARAÑA MÁS PESADA,** con **170 G.**

La mayoría de las arañas se guían por el tacto y la vibración, pero las **ARAÑAS SALTARINAS** tienen una **VISTA EXCELENTE** y para cazar se valen de sus **8 OJOS.**

La **araña** **_patu_** **_dígua_** mide solo **0,37 mm** de largo, la mitad que un grano de arena.

ARÁCNIDOS

Los arácnidos constituyen un gran grupo de artrópodos, con más de 98 000 especies de arañas, escorpiones, ácaros y garrapatas. Casi todos los miembros de esta feroz familia son depredadores, y muchos utilizan un veneno mortal para atrapar o matar a sus presas.

El **ESCORPIÓN DE LA SELVA** puede llevar unas **30 crías** a sus espaldas durante **2 semanas,** hasta que se valen por sí mismas.

El **ESCORPIÓN LÁTIGO NO TIENE COLA Y VA DE LADO SOBRE 6 DE SUS PATAS.** Con sus **2 PATAS DELANTERAS EXTRALARGAS BUSCA** posibles **PRESAS.**

La **PICADURA VENENOSA** de la **araña de tela en embudo** de Sídney **MATA** a una persona adulta en solo **15 mínutos.**

La **araña de agua** puede estar **SUMERGIDA** hasta **24 horas** respirando el aire de unas burbujas que guarda en una campana de seda.

La **MAYOR TELARAÑA** nunca vista **CRUZABA UN RÍO** en Madagascar y medía unos increíbles **25 m DE LONGITUD.**

En una **CAMA** hay hasta **2 míllones** de **ÁCAROS DEL POLVO,** que se **ALIMENTAN** de **PIEL HUMANA** muerta.

Una **GARRAPATA** solo necesita chupar **SANGRE 3 veces** en toda su **VIDA,** que dura hasta **7 años.**

La **GARRAPATA HEMBRA** aumenta **10 veces** su **TAMAÑO NORMAL AL ALIMENTARSE** con la sangre de un animal.

TOP 10
LAS ARAÑAS
MÁS GRANDES

ARAÑA CAZADORA GIGANTE • *Heteropoda maxima* • Laos • Envergadura máxima: **30 CM**

Descubierta en 2001, este enorme arácnido es más grande que tu cabeza. No teje telarañas, sino que caza a sus presas a gran velocidad.

1

2 **ARAÑA GOLIAT** • *Theraphosa blondi* • Norte de Sudamérica • Envergadura máxima: **28 CM**

Tan grande que cubriría un pato normal, la Goliat es la araña más pesada del mundo, con un peso de hasta 170 g.

3 **TARÁNTULA ROSA DEL BRASIL** • *Lasiodora parahybana* • Brasil • Envergadura máxima: **25,4 CM**

Esta araña es marrón, con pelos rosados que le crecen en las patas y piezas bucales. A veces puede comer pequeños pájaros.

3 **TARÁNTULA ROJA LEONADA GIGANTE DE BRASIL** • *Grammostola anthracina* • Brasil, Uruguay, Paraguay y Argentina • Envergadura máxima: **25,4 CM**

La cuarta pata de esta tarántula mide 5,8 cm de largo, casi tanto como todo su cuerpo (6,4 cm).

5 **TARÁNTULA DEL TAMAÑO DE UNA CARA** • *Poecilotheria rajaei* • India y Sri Lanka • Envergadura máxima: **20,3 CM**

Por la desforestation, se encuentra a veces en edificios vacíos. Puede comer serpientes más largas que su cuerpo.

6 **TARÁNTULA KING BABOON** • *Pelinobius muticus* • Tanzania y Kenia • Envergadura máxima: **20,1 CM**

Este agresivo arácnido tiene una picadura muy dolorosa. Los científicos estudian su veneno para saber mejor cómo el cuerpo reacciona al dolor y desarrollar nuevos tratamientos.

7 **TARÁNTULA GIGANTE COLOMBIANA DE PATAS ROJAS** • *Megaphobema robustum* • Colombia y Brasil • Envergadura máxima: **17,8 CM**

Es una araña tímida que se defiende si se ve amenazada. Ataca con las púas de sus patas traseras antes de morder a su víctima.

8 **ARAÑA CAMELLO** • *Solifugae* order • Oriente Medio y Norteamérica • Envergadura máxima: **15 CM**

Existen más de 1000 especies. El nombre proviene del mito de que se comen el estómago de los camellos.

8 **ARAÑA BANANERA DE BRASIL** • *Phoneutria fera* • Sudamérica • Envergadura máxima: **15 CM**

Su picadura es fatal para los humanos. Si se siente amenazada levanta sus primeros dos pares de patas, lista para atacar.

10 **ARAÑA CAZADORA** • *Cerbalus aravaensis* • Israel y Jordania • Envergadura máxima: **14 CM**

Se pasa el día bajo tierra y aglutina partículas de tierra para hacer una puerta y mantener escondida su guarida.

El **ciempiés gigante** de América Central y del Sur es **EL MÁS LARGO,** con **26 cm.**

Los **CIEMPIÉS** tienen entre **15** y **177 PARES DE PATAS.** Siempre es un **NÚMERO IMPAR.**

Conocemos unas **3000 ESPECIES DE CIEMPIÉS,** pero puede haber más de **5000** pendientes aún de **SER DESCUBIERTAS.**

Aunque los llamemos **ciempiés,** no hay ninguno que tenga **100 PATAS.**

Al nacer, el **ciempiés doméstico** tiene **4 pares de patas,** pero desarrolla hasta **15** cuando **MUDA.**

Hasta hoy se han descubierto más de **10 000 ESPECIES DISTINTAS** de **MILPIÉS.**

El **ciempiés enano de Hoffman** mide **10,3 mm** de largo, con lo que es el **MÁS PEQUEÑO** del mundo.

A lo largo de su vida, un **CIEMPIÉS HEMBRA** puede tener **150 CRÍAS.**

Los **CIEMPIÉS VIVEN** hasta **6 años.**

CIEMPIÉS Y MILPIÉS

Puede parecer que un milpiés es un ciempiés con más patas, pero hay muchas diferencias. El cuerpo del ciempiés es plano y tiene un par de extremidades en cada segmento, mientras que los milpiés son más redondeados y tienen dos pares de extremidades en cada uno. La mayoría de los ciempiés son carnívoros y muchos milpiés son herbívoros.

El *Arthropleura* fue un **MILPIÉS GIGANTE, YA EXTINTO,** que vivió **HACE MÁS DE 300 MILLONES DE AÑOS.**

Media **2,6 m** de longitud y **PESABA TANTO COMO UN PERRO GRANDE.**

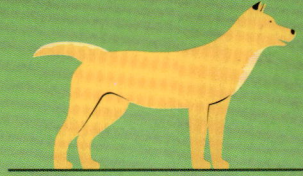

El **milpiés** *Eumillipes persephone,* descubierto en **2020,** contaba con **1306 PATAS, MÁS** que la mayoría de las especies.

El **milpiés del polvo** solo mide **1 mm,** pero **CAUSA PROBLEMAS** cuando entra en una casa porque puede haber **cientos** de ellos.

Al nacer, el **MILPIÉS** no tiene **PATAS.** Cuando **MUDA** por primera vez le salen los primeros **3 PARES.**

El primer **ciempiés nadador,** la *Scolopendra cataracta,* se descubrió en Tailandia en **2016.**

Mide **20 cm** de largo y es **VENENOSO.**

El **milpiés africano** es **EL MÁS LARGO DEL MUNDO,** y llega a alcanzar los **28 cm** de longitud.

Caballitos del diablo y
LIBÉLULAS

Las libélulas y caballitos del diablo son insectos del orden de los odonatos. Son fáciles de distinguir, pues las libélulas tienen los ojos muy juntos, mientras que los caballitos del diablo los tienen separados. Las alas de las libélulas permanecen abiertas si están en reposo, mientras que los caballitos del diablo las mantienen pegadas al cuerpo.

La **Meganeura monyi** se parecía a una libélula. Fue el **MAYOR INSECTO PREHISTÓRICO** conocido, con una **ENVERGADURA** de

70 cm.

Hay **2600** ESPECIES de **CABALLITOS DEL DIABLO**.

El **CABALLITO DEL DIABLO MÁS GRANDE** es el *Megaloprepus caerulatus*. Tiene una **ENVERGADURA** de hasta

19,1 cm

y una longitud de

12 cm.

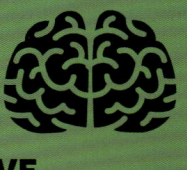

Un **ODONATO** usa el **80%** de su **CEREBRO** para **ANALIZAR LO QUE VE.**

Una **LIBÉLULA** puede **COMER SU PROPIO PESO** en solo **30 minutos.**

Las libélulas y caballitos del diablo tienen **GRANDES OJOS COMPUESTOS. CADA UNO** de ellos contiene

28 000

OJOS SIMPLES.

Los veloces **protodonatos,** que parecían libélulas gigantes, **VIVIERON HACE** al menos

325
MILLONES DE AÑOS.

El **10 %** de las **ESPECIES DE LIBÉLULAS** están **EN RIESGO DE EXTINCIÓN.**

Las **LIBÉLULAS** son las **MÁS GRANDES.** La mayoría de ellas **MIDEN MÁS DE**
5 cm.

Ningún otro insecto **VUELA** a más velocidad que los **58 KM/H** de la **LIBÉLULA VERDE** australiana.

LAS LIBÉLULAS Y LOS CABALLITOS DEL DIABLO tienen
6 patas,
pero no **CAMINAN.** Solo se **POSAN** y vuelven a **ALZAR EL VUELO.**

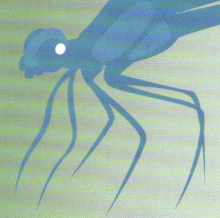

La *Agriocnemis naia,* de Birmania, es la **LIBÉLULA MÁS PEQUEÑA,** con solo
17,6 mm
de **ENVERGADURA.**

LAS LIBÉLULAS Y LOS CABALLITOS DEL DIABLO tienen **2 pares** de largas **ALAS TRASLÚCIDAS.** Las delanteras y las traseras se mueven de forma autónoma.

Las **LIBÉLULAS PUEDEN VOLAR HACIA ATRÁS,** pero solo a **1/33** de la **VELOCIDAD A LA QUE VUELAN HACIA DELANTE.**

Existen unas
3000
ESPECIES de **LIBÉLULAS.**

Las **libélulas** son muy buenas **CAZADORAS.** El
95%
DE LAS VECES atrapan la presa.

La **MÁS GRANDE** del mundo es la amenazada **mariposa alas de pájaro de la reína Alexandra.** Su **ENVERGADURA** es de hasta

30 cm.

Algunas especies de **MARIPOSAS** ponen solo

1 huevo

y otras, más de

100.

Las **MARIPOSAS** tienen

4 alas, no 2.

Tienen un par de **ALAS DELANTERAS** y otro par de **ALAS TRASERAS.**

Al **ECLOSIONAR** la **MARIPOSA**, su

probóscíde

está dividida en **2 PARTES** que el animal debe **JUNTAR.**

La **MARIPOSA TRONADORA** es muy ruidosa. Si hace chocar sus **ALAS DELANTERAS**, el **RUIDO** se oye a una distancia de

30 m.

La **enana azul** es la **MARIPOSA MÁS PEQUEÑA** del planeta. Su **ENVERGADURA** es

1,4 cm

y pesa menos de

10 MG.

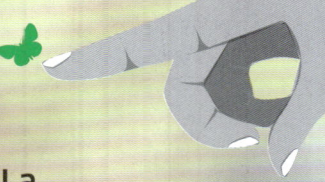

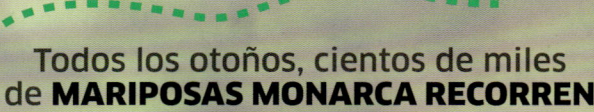

Todos los otoños, cientos de miles de **MARIPOSAS MONARCA RECORREN**

4830 KM

para migrar desde Canadá y Estados Unidos hasta México.

Las **MARIPOSAS** son de **SANGRE FRÍA.** Cuando la temperatura es de menos de **12,8 °C** ya **NO PUEDEN VOLAR.**

Las escamas del **ALA DE LA MARIPOSA** pueden ser de **4** colores: **AMARILLO, ROJO, NEGRO** o **BLANCO.** Los otros colores se crean al refractarse la luz.

En todo el mundo hay unas

17 500

ESPECIES DE MARIPOSAS.

Preciosas
MARIPOSAS

Las mariposas son unos insectos increíbles. Pueden ver colores, como el ultravioleta, que nosotros no vemos. Sus patas tienen unos receptores especiales que prueban una planta para saber si pueden comer de ella. Como no tienen dientes ni labios, se alimentan de líquidos que succionan con su trompa.

El ciclo de vida de la **MARIPOSA** tiene **4 fases:** **HUEVO, ORUGA, PUPA,** y **MARIPOSA ADULTA.**

La **MARIPOSA MONARCA NORTEAMERICANA** vive durante **8** MESES.

MUCHAS ESPECIES DE MARIPOSAS están **AMENAZADAS.** Se creía que no había ya ninguna mariposa **Palos Verdes azul** viva, pero esta especie fue **REDESCUBIERTA** en 1994.

ESCAMAS ALARES FÓSILES que se han encontrado incrustadas en roca muestran que las **MARIPOSAS** existen desde hace por lo menos **200** MILLONES DE AÑOS.

Una **MARIPOSA BATE SUS ALAS** unas **10 veces** POR SEGUNDO, **600** VECES POR MINUTO.

Curiosas
ORUGAS

Las orugas son las larvas o crías de las mariposas y las polillas, aunque no se les parecen en nada. Tras salir de sus huevos, se alimentan sin parar y crecen hasta estar listas para convertirse en pupa, antes de transformarse en adultas.

LA MAYORÍA DE LAS ORUGAS tienen **12 pequeños ojos, 6 A CADA LADO DE LA CABEZA.** Pero no tienen muy buena vista.

Las **ORUGAS** tienen hasta

10

PATAS FALSAS que las ayudan a desplazarse.

La **ORUGA,** como la **MARIPOSA** y la **POLILLA** adultas, tiene

6 patas.

La **polilla babosa** tiene hasta **18 TENTÁCULOS** en su dorso, por lo que parece una peligrosa araña peluda.

Si se siente amenazada, la **ORUGA DE LA POLILLA** *PATANIA RURALIS* se enrosca para **ESCAPAR RODANDO** a una velocidad de hasta

40 cm/s.

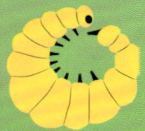  

Una **ORUGA** puede **CRECER** hasta tener

1000

VECES SU TAMAÑO inicial antes de llegar a **ADULTA.**

El **99%** de las **ORUGAS** son **VEGETARIANAS.** pero **ALGUNAS COMEN** otros **INSECTOS, CARACOLES,** o **HUEVOS.**

La **seda** la produce la **oruga del gusano de seda**, que **ENROLLA** una **FIBRA LARGA Y FINA** de hasta **1500 m** de longitud para hacerse **un capullo.**

Al crecer, la mayoría de las **ORUGAS MUDAN SU PIEL** unas **4-5 veces.**

La oruga de la **hoja del caucho MUDA** hasta **13 veces.** Mantiene las pieles viejas de la cabeza, **APILADAS SOBRE SU CABEZA REAL.**

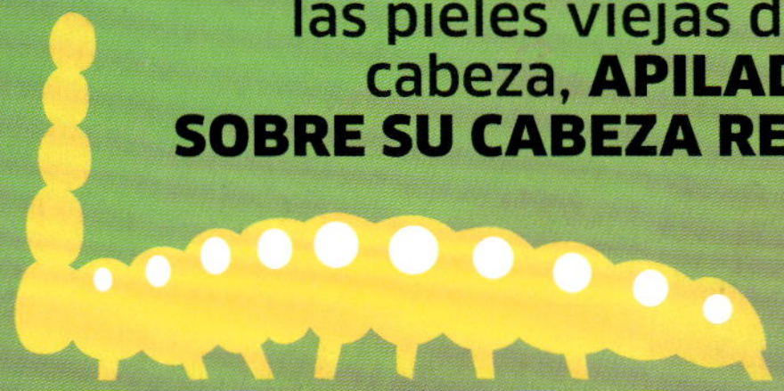

La oruga de *Lonomía oblíqua,* o **GUSANO DE LA MUERTE**, está cubierta de **PELOS VENENOSOS** que **MATAN 1 de cada 40** personas que los **TOCAN.**

La **oruga oso lanudo del Ártico** puede **VIVIR** durante **7 AÑOS** antes de convertirse en una pupa.

La oruga **MÁS GRANDE**, la **CUERNOS DE DIABLO**, crece hasta los **14 CM** de largo.

Las **ORUGAS** tienen **4000 MÚSCULOS** y **NINGÚN HUESO.**

Las **orugas procesionarias** se siguen las unas a las otras en **FILAS** de hasta **120 ORUGAS.**

La **oruga de la lagarta peluda** desciende por un hilo de seda y **DEJA QUE EL VIENTO LA LLEVE.** A veces **VUELA** más de **1 KM.**

La **POLILLA VAMPIRO SORBE** la **SANGRE** de un animal o persona durante **50 minutos.**

Los perezosos suelen tener unas **POLILLAS** que viven en su piel: **120** ¡EN CADA PEREZOSO!

La **YUCA** y los **PRODÓXIDOS** llevan **VIVIENDO JUNTOS** desde hace **40 MILLONES DE AÑOS.** Esta polilla **POLINIZA** la yuca, y la planta **ALIMENTA** las crías de polilla.

Con su **LENGUA** de **30 CM,** la más larga de todos los insectos, la **POLILLA ESFINGE DE WALLACE** sorbe el **NÉCTAR** de las flores en forma de tubo de las **ORQUÍDEAS.**

Existen alrededor de **160 000 especies** DE POLILLAS: **9 VECES MÁS** que de **MARIPOSAS.**

La **ESFINGE COLIBRÍ BATE SUS ALAS** hasta **80 veces por segundo.** Muy deprisa, ¡aunque no tanto como un auténtico colibrí!

POLILLAS

Aunque se emparentan con las mariposas, son distintas: las antenas de las mariposas son finas y con una protuberancia en la punta, y las de las polillas son gruesas, estriadas o plumosas. Las polillas suelen tener las escamas de las alas más gruesas y peludas, y suelen volar de noche.

En tamaño, las polillas van desde la **POLILLA PIGMEA DE LA ACEDERA**, de solo **3 mm** de envergadura, hasta la **MARIPOSA EMPERADOR,** que tiene una envergadura de hasta **30 cm.**

La **MARIPOSA ISABELINA VIVE** en pinares de alta montaña hasta **2000 m SOBRE EL NIVEL DEL MAR.**

El macho de la polilla *CREATONOTOS GANGIS* hincha **4 TENTÁCULOS PELUDOS** que tiene en el abdomen para propagar su olor y atraer a las hembras.

Algunas polillas hembras, como la **LAGARTA PELUDA** o la **MARIPOSA PLUSIA,** pueden poner más de **1000 HUEVOS.**

Las polillas usan sus **ANTENAS PLUMOSAS** para **OLER.** El **GUSANO DE SEDA MACHO** y la **MARIPOSA LUNA** las emplean para detectar a las hembras a una distancia de hasta **10 KM.**

Las **MARIPOSAS LUNA ADULTAS NO COMEN.** Se limitan a **BUSCAR PAREJA** y **PONER HUEVOS.** Solo **VIVEN** durante unos **7 días.**

En Australia, la *AGROTIS INFUSA* duerme en **CUEVAS,** en grupos de hasta **17000 políllas POR KILÓMETRO CUADRADO.**

Hace más de **5000 años** que se **CRÍAN GUSANOS DE SEDA** para obtener el hilo de sus **CAPULLOS.**

Muchas polillas **MIGRAN** y recorren grandes distancias, como la *ACHERONTIA,* que vuela hasta **4000 KM** entre África y Europa.

Las **HORMIGAS GUERRERAS AFRICANAS** forman colonias de hasta

20 míllones.

La mayoría de las **ABEJAS, AVISPAS Y HORMIGAS** tienen

5 ojos:

2 OJOS COMPUESTOS llenos de diminutas lentes y **3 PEQUEÑOS OJOS SIMPLES.**

La hembra del **ICNEUMÓNIDO** presenta un enorme **AGUIJÓN** de

10 cm

de longitud. Pero no hay que alarmarse, pues es un ovipositor, que solo utiliza para **PONER SUS HUEVOS.**

LAS COLONIAS DE ABEJORROS DEL ÁRTICO SOBREVIVEN solo los **3 meses** del corto verano ártico. Únicamente la **REINA** vive todo el año y se pasa **9 meses HIBERNANDO.**

En algunas especies, la **HORMIGA REINA** vive hasta

30 años.

Es el **INSECTO** de mayor **LONGEVIDAD.**

EN UN DÍA, la **ABEJA MELÍFERA** puede **LIBAR NÉCTAR** de hasta **4000 flores.**

ABEJAS, AVISPAS Y HORMIGAS

Abejas, avispas y hormigas pertenecen a un grupo de insectos, los himenópteros, con más de 130 000 especies. A menudo viven en colonias, comparten nido, comida y tareas y se ayudan a sobrevivir.

Los científicos estiman que en todo el planeta hay más de **20 000 bíllones** de **HORMIGAS.**

En una **COLONIA DE HORMIGAS**, la **REINA** pone todos los **HUEVOS**. Algunas llegan a poner **3 mïllones** al mes.

La **HORMIGA BALA** tiene la **PICADURA MÁS DOLOROSA** de todos los insectos, con el grado **4+** en el **ÍNDICE SCHMIDT DE DOLOR**, la escala que mide la picadura de los insectos.

Un tipo de **MIMÁRIDA** (especie de avispa) es el **INSECTO MÁS PEQUEÑO** de todos: el macho solo mide **0,14 mm** de largo.

El **NIDO DE AVISPAS MÁS GRANDE** se encontró en Tasmania, Australia. Medía **3,7 m** de largo y **1,75 m** de ancho.

La **ABEJA MÁS GRANDE** del mundo es la **ABEJA DE WALLACE**, de Indonesia, con una longitud de hasta **4,5 cm, 4 veces más QUE UNA ABEJA MELÍFERA.**

En **2020**, se encontró en Birmania un insecto **ATRAPADO EN ÁMBAR**: era una **ABEJA** que tenía más de **100 mïllones** de años de antigüedad.

Las **ABEJAS MELÍFERAS** a veces **SIGUEN A SU REINA** en busca de un nuevo hogar en enjambres de **15000** individuos **o más.**

TOP 10
COLONIAS DE INSECTOS

HORMIGA ARGENTINA • *Linepithema humile* • Europa occidental y América del Norte y del Sur • Número de insectos: **MILES DE MILLONES**

1

Una enorme supercolonia que se extiende 6000 km desde Italia hasta España, pasando por Francia, contiene millones de nidos y miles de millones de hormigas obreras.

2 **HORMIGA ROJA DE LA MADERA** • *Formica yessensis* • Mayoría de los continentes • Número de insectos: **150 MILLONES**

Unos 45 000 nidos llegaron a conectarse para crear una enorme colonia en Japón con más de 300 millones de hormigas obreras.

3 **LANGOSTA DEL DESIERTO** • *Schistocerca gregaria* • África, Oriente Medio y Asia • Número de insectos: **80 MILLONES**

Las langostas a veces viven solas, pero pueden agruparse en densos enjambres.

4 **HORMIGA GUERRERA** • *Dorylinae* • Mayoría de los continentes • Número de insectos: **10 MILLONES**

Abandonan el nido para asaltar fuentes de alimento localizadas por los exploradores, dejando un rastro químico para regresar.

5 **HORMIGA CORTADORA DE HOJAS** • *Atta/Acromyrmex* • América Central y del Sur • Número de insectos: **8 MILLONES**

Estos asombrosos insectos cortan y transportan hojas para construir nidos subterráneos a gran profundidad. Un nido puede tener más de 1000 cámaras y extenderse 160 m de un lado a otro.

6 **TERMITAS** • *Macrotermitinae* • África y sudeste asiático • Número de insectos: **2 MILLONES**

Las termitas pueden agruparse en enormes colonias moviendo tierra y agua para construir espirales de hasta 5 m de altura.

7 **ABEJA AFRICANIZADA** • *Apis mellifera scutellata* • África y América del Norte y del Sur • Número de insectos: **800 000**

Las abejas africanizadas híbridas, conocidas como abejas asesinas, salen del nido en grandes cantidades para proteger sus hogares.

8 **HORMIGA ROJA DE FUEGO** • *Solenopsis invicta* • América del Norte y del Sur • Número de insectos: **500 000**

Las obreras suelen vivir unas cinco semanas, pero la reina puede poner hasta 800 huevos al día para reemplazarlas.

9 **AVISPA ALEMANA** • *Vespula germanica* • Mayoría de los continentes • Número de insectos: **100 000**

Un nido del tamaño de un cubo alberga unas 15 000 obreras, pero los más grandes pueden contener más de 100 000 avispas.

10 **DOLICHODERUS MARIAE** • *Dolichoderus mariae* • América del Norte • Número de insectos: **75 000**

En verano, una colonia de estas hormigas americanas pasa de dos nidos a unos 60, conectados por senderos en el suelo.

MOSCAS Y MOSQUITOS

Las moscas son un gran grupo de insectos, con más de 120 000 especies diferentes. Entre ellas encontramos la mosca doméstica, los tipuloideos, los sírfidos, las moscas de la fruta o los mosquitos.

LAS MOSCAS solo tienen **2 ALAS**, y **2 HALTERIOS EN FORMA DE MAZA,** que emplean para **GIRAR.**

Los ojos de la **MOSCA DE OJOS SALTONES** están **SEPARADOS** **55mm,** más de **3 veces** lo que mide su **CUERPO.**

Las **MOSCAS EXISTEN** desde hace unos **240 MILLONES DE AÑOS.**

La *Forcipomyia* es **UNA DIMINUTA CHINCHE** que ostenta el récord de **BATIDO DE ALAS MÁS RÁPIDO** de cualquier insecto, ¡con **1046 BATIDOS POR SEGUNDO!**

Algunos **MOSQUITOS COMPLETAN** todo su **CICLO DE VIDA** en solo **7 días.**

Al volar y posarse en **CACAS** y **ALIMENTOS EN DESCOMPOSICIÓN**, la **MOSCA DOMÉSTICA** puede propagar hasta

65

TIPOS DE GÉRMENES.

LAS MOSCAS pasan por **un ciclo vital de 4 etapas: HUEVO, LARVA, PUPA** y **ADULTO.**

La **mosca libadora de néctar** sudafricana tiene la **PROBÓSCIDE MÁS LARGA** de todas las moscas: hasta

8 cm

de longitud.

POR CADA PERSONA, hay unos **17 MILLONES DE MOSCAS.**

La enorme *Holorusia mikado*, de China, tiene una **ENVERGADURA** de hasta

25,8 cm

¡CASI TANTO COMO UN PLATO GRANDE!

En **1994**, un **TÁBANO** macho fue visto volando a

145 KM/H.

Es el **INSECTO VOLADOR MÁS RÁPIDO** del mundo.

Al verte, a la **MOSCA DE LA FRUTA** le bastan

100

MILISEGUNDOS para **SALIR VOLANDO.**

Las **MOSCAS POLINIZAN** el

30%

de las plantas, incluida la del **CACAO**, la planta del chocolate.

Cuando pica, un **MOSQUITO HEMBRA SORBE** unos

0,005 mL

de **SANGRE.**

Harían falta más de

1 millón

DE MOSQUITOS para **SORBER ¡TODA LA SANGRE DE UNA PERSONA!**

43

PECES

Sensacionales
TIBURONES

Se conocen 548 especies de tiburones, todas con cuerpo en forma de torpedo y esqueleto de cartílago flexible. Entre ellos están los peces más grandes del mar y depredadores de una visión, gusto y olfato supersensibles. Tienen unas escamas rugosas, llamadas dentículos, que cubren su piel, y no les faltan dientes.

El **PEZ MÁS GRANDE** del mundo es el **tiburón ballena**. Alcanza **12,6 m,** tanto como un **AUTOBÚS.** Pero solo come peces diminutos, camarones y plancton.

El **TIBURÓN DE GROENLANDIA** es el **VERTEBRADO MÁS LONGEVO.** Puede llegar a vivir hasta **400 años.**

El **TIBURÓN BALLENA** tiene **4000 DIENTES** diminutos. Se alimenta por **filtración** y no muerde.

Los **ATAQUES** de tiburones a personas son **raros.** En promedio, solo se producen **72 mordeduras** no provocadas **AL AÑO.**

El pez predador **MÁS GRANDE** es el **gran tiburón blanco.** El **MÁS LARGO** registrado mide **6,4 m.**

El **ZORRO MARINO** tiene una **ALETA DE COLA** de **3 m,** casi la **MITAD DE LO QUE MIDE SU CUERPO.**

El **tiburón peregrino** SE ALIMENTA de **ZOOPLANCTON** y sus agallas **FILTRAN** **1,5 millones de litros** de **AGUA DE MAR** cada hora.

El **TIBURÓN MARTILLO** tiene los **OJOS** en los extremos de la **CABEZA,** lo que le da una **VISIÓN** de **360°** del agua que lo rodea.

La mayoría **DAN A LUZ CRÍAS VIVAS.** Un **TIBURÓN BALLENA** tuvo hasta **300 CRÍAS.**

El **tiburón anguila** ostenta el récord del **EMBARAZO MÁS LARGO** registrado en cualquier **ANIMAL.** Gesta a sus crías hasta **3,5 años.**

El **tiburón mako** aprovecha su velocidad para volar **DISPARADO HASTA 6 M** sobre el agua e incluso puede caer sobre un barco de pesca.

Se descubrió un **FÓSIL** de **TIBURÓN DUENDE** con una antigüedad de unos **100 MILLONES DE AÑOS.**

Entre **10000** y **12000** **tiburones de puntas negras** se avistaron en la costa de **FLORIDA, EE. UU.,** en 2016. **MIGRAN** cada año a aguas más cálidas para **ALIMENTARSE.**

El **tiburón linterna enano** crece solamente hasta los **17 cm** de **LONGITUD,** así que cabría en **TU MANO.**

Una **RAYA DE COLA DE LÁTIGO** del río Mekong, en Camboya, es el **PEZ MÁS GRANDE** que vive solo en **AGUA DULCE**. Una alcanzó una longitud de

3,98 m.

La **MANTA RAYA DEL ATLÁNTICO** es la **MÁS GRANDE** de todas, con una **ENVERGADURA** de hasta

9,1 m.

La **RAYA TORPEDO NEGRA** es el **PEZ MARINO ELÉCTRICO MÁS POTENTE** del planeta, con una descarga de

220 voltíos.

LAS RAYAS Y LAS MANTAS no tienen **NINGÚN** HUESO. Su **ESQUELETO ES DE CARTÍLAGO**, como el de los tiburones.

Existen

534

ESPECIES DISTINTAS DE RAYAS.

Todas las especies de **PEZ SIERRA** están en **PELIGRO DE EXTINCIÓN**. El **PEZ SIERRA COMÚN** solía encontrarse en hasta **75** países, pero **HOY LO ENCONTRAMOS SOLO EN**

20.

La **manta cornuda** puede **ENCONTRARSE** a **2000 m DE PROFUNDIDAD**.

Una especie de pez sierra es más pequeña que el resto. El **PEZ SIERRA ENANO** mide solo

1,4 m.

Las rayas grandes, como las **MANTAS RAYAS**, **MIGRAN** cada año para **BUSCAR ALIMENTO** en **GRUPOS** de hasta

10000.

MANTAS Y RAYAS

Las rayas y las mantas forman el grupo de los batoideos. Son peces de grandes aletas situadas a lo largo de un cuerpo generalmente plano. Carecen de vejiga natatoria, lo que significa que pueden desplazarse a distintos niveles en el océano. La cola de las mantas suele ser más gruesa que la de las rayas, que es delgada y en forma de látigo.

Se han hallado **FÓSILES** de **PASTINACA** de hace más de **150 MILLONES DE AÑOS.**

La **raya jaspeada** tiene **2 FUERTES MANDÍBULAS** con las que rompe el caparazón de los moluscos y de los cangrejos.

La **BOCA DE LA MANTA RAYA** puede tener **2,5 m DE ANCHURA.**

Las **MANTAS** nadan tanto en aguas poco profundas como a más de **2700 m BAJO LA SUPERFICIE.**

Una **RAYA GRANDE** puede **COMER** hasta **30 KG** de **PLANCTON AL DÍA.**

El embrión de la **raya bramante** pasa hasta **15 MESES** en un huevo protegido dentro de una **CÁPSULA CÓRNEA** conocida como «bolso de sirena».

PECES DE AGUA SALADA

En el mar hay billones de peces y la mayoría de ellos son peces óseos. Esto significa que su esqueleto está hecho de huesos, a diferencia de los tiburones y las rayas, que tienen un esqueleto cartilaginoso. En los mares y océanos, los peces óseos presentan una gran variedad de formas y tamaños, e incluso los hay que ¡no parecen peces!

HAY PECES desde hace **500 millones de años**, desde antes de los dinosaurios.

Los **peces voladores** saltan fuera del agua y **PLANEAN** con sus aletas sobre la superficie del mar hasta **45 segundos.**

Los **ARENQUES ATLÁNTICOS** pueden formar **BANCOS** de **MÁS DE 1000 millones.**

El **CABALLITO DE MAR PIGMEO** es uno de los peces **MÁS LENTOS**, y nada a **1,5 m/h.**

El **PEZ ÓSEO MÁS GRANDE** es el **pez luna,** que puede alcanzar hasta

3,3m

DE LONGITUD y pesar hasta **2,3 TONELADAS.**

Las **sardinas,** si se sienten **AMENAZADAS,** se agrupan en una **BOLA,** de hasta **20m** de diámetro.

El **JUREL GIGANTE** puede **SALTAR**

hasta **1m** sobre el mar para **ATRAPAR AVES** y comérselas.

La **PLATIJA PAVO REAL** cambia **DE COLOR** y se confunde con su entorno en **3 segundos.**

El **bacalao del Pacífico** cuenta con hasta **500 DIENTES.**

El **PEZ GLOBO** y el **PEZ ERIZO** succionan agua para **HINCHARSE** y alcanzar hasta **3 veces** su **TAMAÑO ORIGINAL.**

El *Leedsichthys* fue un **pez prehistórico** que **CRECÍA** más que cualquier pez actual: hasta **16,5m** de largo.

⅓ de la **LONGITUD** del **PEZ ESPADA** corresponde a la **espada,** un hocico largo y plano con el que ensarta a sus presas.

El pez **MÁS PESCADO** es la **ANCHOVETA:** en las costas de Perú y Chile se capturan **medio billón AL AÑO.**

Los científicos han descubierto unas **28000 ESPECIES DE PECES ÓSEOS.** Algunas viven en ríos y lagos, y no en el mar.

EN EL FONDO

En las profundidades de los mares y los océanos, el agua es fría y oscura, ya que por debajo de los 600 m llega muy poca luz. Allí viven todo tipo de extrañas criaturas marinas y una gran variedad de peces extraños y sorprendentes.

El **MIXINO**, que parece un gusano, ahuyenta a los depredadores con su baba pegajosa. Produce hasta **20 LITROS** de **BABA** en **5 MINUTOS**.

90% DEL MAR ES OCÉANO PROFUNDO. Se cree que en él hay aún muchas **ESPECIES POR DESCUBRIR.**

PEZ CARACOL DE LAS MARIANAS

a una profundidad de más de **8,1 km.**

PECES LUMINOSOS MÁS ABUNDANTES en **CIENTOS DE BILLONES**

PEZ MÁS PEQUEÑO

Es una especie de **RAPE** de aguas profundas. Un macho adulto de esta especie típicas solo mide

6,2 mm

de largo

6 OJOS **PEZ DUENDE**

Le permiten **DETECTAR** el **MENOR** **ATISBO DE LUZ**

PRESIÓN DEL AGUA **8000** m **800 VECES** MAYOR QUE EN LA SUPERFICIE EQUIVALE A SER APLASTADO POR **1600 ELEFANTES.**

Mucho más grande es el pez más largo, el **alepocefálido Yokozuna** mide **2,5 m.**

 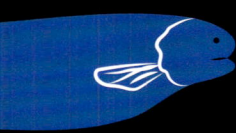

LÓFIDO
2 patas,
que son aletas transformadas
con las que puede desplazarse

CONGRIOPERLA ARMADA
CEREBRO MÁS PEQUEÑO:
1/1000
del peso total del cuerpo

El **PEZ PELÍCANO**
ABRE LA BOCA en su
ur peces, hasta
5 veces
**EL TAMAÑO DE
SU CUERPO.**

rape de caña nasal
tiene el **MAYOR SEÑUELO,** con arco
que se ilumina y con el que
ATRAE A SUS PRESAS.
3 veces
**LA LONGITUD DE
SU CUERPO.**

50% de los
PECES DEL MAR PROFUNDO
BIOLUMINISCENTES,
es decir, que **EMITEN LUZ.**

¡el MACHO SE FUSIONA CON LA HEMBRA!

A veces, **2 rapes** SE CONVIERTEN EN **1** al aparearse:

ESPELUZNANTE **PEZ DE
COLMILLOS LARGOS** tiene los
DIENTES MÁS GRANDES en relación a su tamaño
1/10 de la longitud del cuerpo

TOP 10
LOS PECES MÁS RÁPIDOS

PEZ VELA • *Istiophorus platypterus*
Océanos Atlántico, Índico y Pacífico
Velocidad máxima: **113 KM/H**

Con su cuerpo aerodinámico y músculos adaptados para generar la máxima potencia, el pez vela es el depredador más veloz del océano.

2 **PETO** • *Acanthocybium solandri* • Océanos Atlántico, Pacífico Mediterráneo e Índico • Velocidad máxima: **96 KM/H**

El peto es largo y delgado. Acelera repentinamente para perseguir y confundir a sus presas, pequeños peces y calamares.

2 **MARRAJO** • *Isurus oxyrinchus* • Océanos Atlántico, Índico y Pacífico • Velocidad máxima: **96 KM/H**

El marrajo es el tiburón más rápido en distancias cortas. En una persecución puede saltar completamente fuera del agua.

4 **MARLÍN RAYADO** • *Tetrapturus audax* • Océanos Atlántico sudoriental, Índico y Pacífico • Velocidad máxima: **80 KM/H**

Este feroz cazador se vale de su velocidad para perseguir bancos de peces, que ataca con su mandíbula superior en forma de lanza.

4 **MARLÍN PICUDO** • *Makaira indica* • Océanos Atlántico, Pacífico, Mediterráneo e Índico • Velocidad máxima: **80 KM/H**

Es muy veloz y persigue a otros peces rápidos para alimentarse. Los ensarta con su largo pico antes de tragárselos.

6 **ATÚN ROJO** • *Thunnus thynnus* • Océanos Atlántico sudoriental, Mediterráneo y Pacífico; mar Negro meridional • Velocidad máxima: **70 KM/H**

Este gran cazador genera más calor corporal que cualquier otro pez, lo que mantiene su potente musculatura en óptimas condiciones.

7 **TINTORERA** • *Prionace glauca* • Océanos Atlántico, Mediterráneo y Pacífico • Velocidad máxima: **69 KM/H**

Las tintoreras van en manada para acorralar un banco de peces y utilizan su velocidad para acercarse y hacerse con una presa.

8 **MACABIJO** • *Albula vulpes* • Aguas templadas de todo el mundo • Velocidad máxima: **64 KM/H**

Cuando nadan juntos, los macabijos van a igual velocidad y a la misma distancia unos de otros.

8 **PEZ ESPADA** • *Xiphias gladius* • Aguas templadas de todo el mundo • Velocidad máxima: **64 KM/H**

Su largo y afilado morro tiene dos funciones: ensartar a su presa y hacer que su cuerpo sea perfectamente aerodinámico.

10 **PEZ VOLADOR GOLONDRINA** • *Hirundichthys affinis* • Océano Atlántico oriental • Velocidad máxima: **56 KM/H**

Este pez puede volar incluso más rápido de lo que nada. Salta fuera del agua y se desplaza en el aire a 72 km/h.

El **PEZ LUNA** puede producir **300 millones de huevos** en **UNA SOLA PUESTA,** más que ningún otro pez.

El **VENENO** de **1 pez globo** puede **MATAR A 30 PERSONAS.**

Los **caballitos de mar** son de varios tamaños, desde los **2 cm** del **CABALLITO PIGMEO** hasta los **35cm** que mide el **CABALLITO BARRIGUDO.**

Hinchado, el **PEZ ERIZO MOTEADO** es casi al **100%** **CAPAZ** de **AHUYENTAR** a los depredadores.

Los **caballitos de mar** desarrollaron su **CURIOSO ESTILO DE NADO VERTICAL** hace aproximadamente **25 millones de años.**

El **PEZ LORO** tiene unos **1000 dientes,** en **15 filas,** y le **CRECEN CONTINUAMENTE.**

Con los **DIENTES DE SU GARGANTA,** el **pez loro EJERCE** una presión de **481 toneladas,** el **PESO DE 150 hipopótamos.**

Una vez la hembra del **pez luchador síamés** ha puesto los **HUEVOS**, el macho los **LLEVA EN SU BOCA** hasta el nido y los **VIGILA** durante **48 horas.**

PECES TROPICALES

Los peces tropicales viven en aguas cercanas al ecuador, la línea imaginaria que rodea el centro de la Tierra. Están en ríos, lagos y océanos, tanto en agua dulce como salada, y van desde el pez dorado y el tetra hasta otros más exóticos como el pez león y el pez payaso.

El **PEZ PAYASO** solo tiene **1 sexo** al nacer: **MACHO.** Algunos **SE TRANSFORMAN EN HEMBRA** al crecer.

Hay **30 especíes** del colorido **PEZ PAYASO.** Se le llama así por la danza que realiza para proteger su territorio.

El **PEZ PIEDRA** es el **MÁS LETAL.** Su **VENENO MATA** a una persona adulta en menos de **1 hora.**

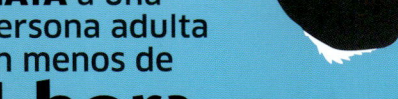

La **PIRAÑA DE OJOS ROJOS** más grande medía **41,5cm.** La **MORDEDURA** de este pez es **3 veces** **MÁS POTENTE QUE LA DE UN CAIMÁN** del mismo tamaño.

Los **PECES LEÓN** forman grupos de entre **2 y 4** para **RODEAR A UNA PRESA** y la atrapan con sus **LARGAS ALETAS.**

La especie **MÁS PEQUEÑA** de **PEZ GLOBO** es el *Carinotetraodon travancoricus*, con solo **3,5cm** de longitud.

Encontramos **CLOROFILA** en la mayoría de las plantas, y en los **OJOS** de **1 ANIMAL,** el **pez dragón.** Le **AYUDA A VER** bajo el agua.

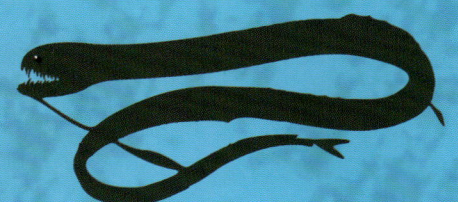

El **PEZ DORADO MÁS GRANDE** visto tenía **47,4cm** de longitud.

EN LOS POLOS

Los peces que prosperan en las regiones ártica y antártica van desde los más comunes, como el abadejo y el bacalao, hasta los menos conocidos, como el draco y la merluza negra. En estas zonas viven menos especies de peces que en aguas más templadas, y se han adaptado especialmente a la vida en el frío.

Algunos peces hacen un nido para sus huevos. Bajo una **PLACA DE HIELO** cerca de la Antártida se encontraron más de **60 millones** de **NIDOS DE DRACO RAYADO DE JONÁS**, en una área de unos **240 km²**.

El **draco** no tiene **ninguna escama.** Tampoco tiene **VEJIGA NATATORIA**, por lo que suele vivir en el **FONDO DEL OCÉANO**.

Con casi **62 kg**, el **SALMÓN REAL**, o **CHINUC**, que vive en el océano Ártico, es el **salmón que más pesa.**

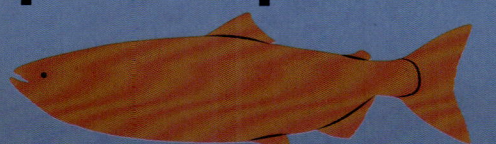

Solo unas **100 especies** de peces viven en **AGUAS ANTÁRTICAS**, el **0,3%** DE TODAS LAS ESPECIES.

El **FLETÁN ATLÁNTICO**, que vive en aguas del Ártico, es el **PEZ PLANO MÁS GRANDE.** Puede pesar hasta **318 KG.**

El **caracol gelatinoso,** *Liparis fabricii,* en realidad es un pez que vive en el Ártico a profundidades de más de **1880 m.**

Hay por lo menos **16 especies** de **DRACOS.** Pueden **SOBREVIVIR** en las aguas de los **POLOS** porque su **SANGRE CONTIENE** una **SUSTANCIA** que actúa como un **ANTICONGELANTE.**

Se estima que hay unas **240 especies distintas** de peces en las aguas árticas.

El **KRIL** es el **80-95%** de la **DIETA DEL DRACO RAYADO.**

Un **DRACO** puede crecer hasta **50 cm** de longitud.

La **MERLUZA NEGRA** es el **PEZ ANTÁRTICO MÁS GRANDE,** con **1,7 m** de longitud y un peso de hasta **135 KG.**

La hembra de la **lamprea ártica** puede producir hasta **100 000 HUEVOS,** pero muere tras la puesta.

El **SALVELINO,** con una longitud entre **7,6** y **89 cm,** es el **PEZ DE AGUA DULCE MÁS SEPTENTRIONAL.**

La hembra del **BACALAO ÁRTICO** pone un promedio de **11900 huevos,** pero solo lo hace una vez en la vida.

Solo **1** pez **VIVE** en las **AGUAS ABIERTAS DEL ANTÁRTICO** en lugar de hacerlo en el fondo oceánico: el **DIABLILLO ANTÁRTICO.**

El **BACALAO ÁRTICO** vive **MÁS AL NORTE QUE NINGÚN OTRO PEZ,** pero prefiere las aguas entre **0 y 4 °C.**

PECES DE AGUA DULCE

Los peces de agua dulce, como la carpa y el pez pulmonado, viven en ríos y lagos. Algunos peces, como las anguilas, viven la mayor parte de su vida en agua dulce, pero nacen en agua salada. Otros. como las lampreas, nacen en agua dulce, pero luego se dirigen al mar.

Con un peso de solo **4–5 MG**, el **GOBIO PIGMEO** de Filipinas es el **PEZ DE AGUA DULCE MÁS LIVIANO.**

El **PEZ DE AGUA DULCE MÁS VIEJO CONOCIDO** es un **BÚFALO BOCAZAS.** En Estados Unidos se encontró uno con una edad de **112 años.**

Una especie de **ANGUILA ELÉCTRICA PRODUCE DESCARGAS DE 860 V.** Esto bastaría para **ALIMENTAR SIETE BOMBILLAS DE 40 W.**

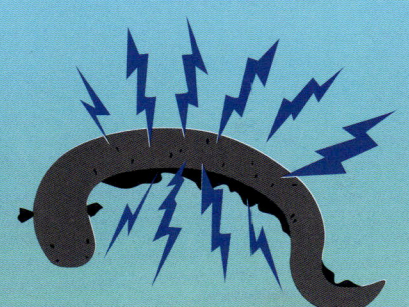

Menos del **3%** del agua de la Tierra es **DULCE,** pero en ella vive casi **1/3 DE LAS ESPECIES DE PECES.**

La **FAMILIA MÁS GRANDE** de peces es la de las **CARPAS,** con más de **2400 especíes.**

Existen más de **18 000 ESPECIES** de **PECES DE AGUA DULCE.**

1/3 de los **PECES DE AGUA DULCE** están en **RIESGO DE EXTINCIÓN.**

2 ESPECIES de **peces pulmonados** de África pueden **VIVIR HASTA 4 años FUERA DEL AGUA.** Cuentan con agallas y pulmones.

El **PEZ TIGRE GOLIAT** pesa hasta **50 KG.** Es un gran cazador y sus **AFILADOS DIENTES** alcanzan hasta los **2,5 cm** de longitud.

16 especíes

DE PECES DE AGUA DULCE se **DECLARARON EXTINTAS** en **2020.**

Una **lamprea** tiene más de **100 díentes afílados y curvos** en filas circulares.

Algunas especies de **SILUROS** tienen hasta **175000 PAPILAS GUSTATIVAS.**

El **pez espátula americano** puede **ALCANZAR** hasta **2,2 m.**

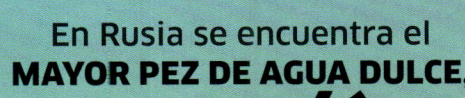

En Rusia se encuentra el **MAYOR PEZ DE AGUA DULCE,** el **esturión beluga.** Un ejemplar llegó a pesar **1571 KG** y tenía una longitud de **7,2 m.**

El **ESTURIÓN BELUGA IRANÍ** es el **MÁS CARO DEL MUNDO.** Sus huevas, o **CAVIAR,** pueden llegar a **VENDERSE** hasta por **25000 €/kg.**

Los **BRYCON** de América Central y del Sur **SE ALIMENTAN** de **FRUTA** y pueden **SALTAR** hasta **1m** sobre el agua **PARA LLEGAR A ALCANZARLAS.**

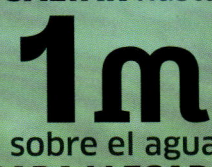

ANFIBIOS Y REPTILES

La **RANA PATITO** es más grande cuando es un **RENACUAJO**. Con una longitud de **17 cm**, el renacuajo alcanza hasta **4 VECES EL TAMAÑO DE LA RANA ADULTA.**

La hembra del **SAPO GIGANTE** puede poner hasta **35 000 HUEVOS**. Solos, la mayoría no **SOBREVIVEN**.

Las **RANAS** cazan insectos con su **LARGA LENGUA PEGAJOSA**, que tiene un **30 %** de la **LONGITUD DEL CUERPO.**

El **VENENO** de la piel de la diminuta **RANA DARDO DORADA** podría **MATAR** a **10 adultos humanos.**

El **ANFIBIO MÁS PEQUEÑO** es la rana *PAEDOPHRYNE AMAUENSIS*, que mide **7,7 mm.** Podría **SENTARSE** en la **PUNTA DE UN LÁPIZ.**

La **rana de bosque norteamericana** sobrevive al frío del invierno **CONGELÁNDOSE** hasta **8 meses.**

RANAS Y SAPOS

Las ranas y los sapos comienzan su vida en el agua como renacuajos antes de ir transformándose en carnívoros de cuatro patas capaces de saltar a tierra firme y absorber aire y agua por su piel.

Hay alrededor de

7500

ESPECIES conocidas de **RANAS Y SAPOS.**

El **ANFIBIO MÁS RUIDOSO** de todos es la **RANA TORO AMERICANA.** Se la puede oír croar hasta a

400 m
de distancia.

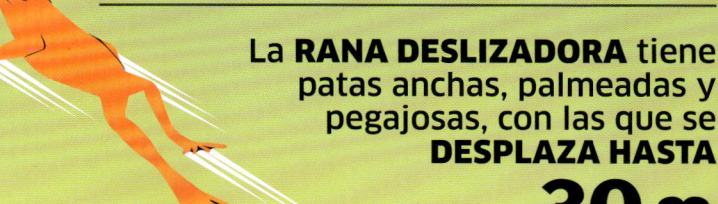

La **RANA DESLIZADORA** tiene patas anchas, palmeadas y pegajosas, con las que se **DESPLAZA HASTA**

30 m
entre los árboles.

Las ranas y los sapos suelen vivir cerca del agua, pero las **ranas verdes europeas** pueden **ALEJARSE** de ella hasta a

15 km.

Las **RANAS** y los **SAPOS** tienen **4 dedos** en las **PATAS DELANTERAS** y

5
en las **TRASERAS.**

La **RANA MÁS GRANDE DEL MUNDO** tiene el tamaño de un conejo. La **rana goliat** puede alcanzar los

37 cm
y pesar hasta

3,7 kg.

El macho de la **RANA DE DARWIN** mantiene los **RENACUAJOS** en su saco vocal durante

60
DÍAS, HASTA QUE SON RANITAS.

La **RANA DORADA DE PANAMÁ** fue sacada de la selva tropical para protegerla. Se cree que ya no queda **ninguna rana dorada EN ESTADO SALVAJE.**

La hembra del **sapo partero PONE HUEVOS** en cordones de **1 m** de longitud. El macho los ata a sus patas y, cuando **ECLOSIONAN**, deja caer los renacuajos **EN UN ESTANQUE.**

TOP 10
LOS ANFIBIOS
MÁS LONGEVOS

PROTEO • *Proteus anguinus* •
Centro y sudeste de Europa •
MÁS DE 70 AÑOS

1

Esta salamandra rosada es casi ciega y vive en cuevas,
caza gracias a su olfato, su oído y su sensibilidad a la
electricidad. Puede llegar a vivir hasta 100 años.

2 **SALAMANDRA GIGANTE JAPONESA** • *Andrias japonicus* • Japón •
HASTA 55 AÑOS

La salamandra gigante japonesa tiene una piel con dibujos que
le sirven de camuflaje en los ríos y arroyos donde vive.

3 **SAPO AMERICANO** • *Anaxyrus americanus* • América del Norte •
HASTA 40 AÑOS

En la época de reproducción, el macho de este sapo de tamaño
mediano emite un trino que recuerda a un teléfono antiguo.

4 **SAPO EUROPEO** • *Bufo bufo* • Europa • **HASTA 35 AÑOS**
Es principalmente nocturno y sale de noche a cazar. Puede agarrar
insectos que se mueven rápidamente con su larga lengua.

5 **ANFIUMA** • *Amphiuma means* • Sudeste de Estados Unidos •
HASTA 27 AÑOS

A diferencia de la mayoría de las salamandras, la anfiuma hace
un ruido parecido a un silbido cuando se la molesta.

6 **SALAMANDRA COMÚN** • *Salamandra salamandra* • Europa •
HASTA 25 AÑOS

La salamandra común tiene manchas amarillas brillantes en el
lomo, que advierten de su toxicidad.

6 **SALAMANDRA MOTEADA** • *Ambystoma maculatum* • América
del Norte • **HASTA 25 AÑOS**

La salamandra moteada se protege liberando un líquido lechoso
de sabor horrible por las glándulas de su parte trasera.

6 **SIRENA MAYOR** • *Siren lacertina* • América del Norte •
HASTA 25 AÑOS

Es una salamandra con pequeñas patas delanteras y ninguna
trasera. Cuenta con branquias externas emplumadas.

9 **RANA ARBORÍCOLA VERDE** • *Ranoidea caerulea* • Australia, Nueva
Guinea • **HASTA 16 AÑOS**

Esta rana tiene grandes almohadillas en los dedos que le ayudan a
agarrarse a las hojas y las ramas en su húmedo hábitat forestal.

10 **BOMBINA** • *Bombina sp* • Europa, Asia • **15-20 AÑOS**
Este sapo tiene en el pecho unos dibujos rojos brillantes que
advierten a los depredadores de que su sabor es horrible.

SALAMANDRAS Y TRITONES

Las salamandras y los tritones son anfibios, como las ranas, pero de cuerpo y cola largos. Las 682 especies de salamandras y tritones comienzan su vida en el agua, respirando por branquias como los peces, antes de convertirse en adultos en un proceso conocido como metamorfosis.

La piel de la **SALAMANDRA DE PIEL RUGOSA DE CALIFORNIA** tiene **VENENO** suficiente para **MATAR**

25000 ratones.

Los **TRITONES** han estado en el **ESPACIO.** En **2 misiones espaciales,** en **1994** y **1995**, se estudió al **TRITÓN DE VIENTRE DE FUEGO JAPONÉS** poniendo huevos en condiciones de baja gravedad.

LA HEMBRA DE LA SALAMANDRA TIGRE puede poner hasta

7000 huevos

en **UNA TEMPORADA DE CRÍA.**

En el cortejo, el **macho del tritón rayado** alza una **CRESTA** de **5 cm** para impresionar a las hembras.

La **salamandra no tiene** OÍDOS y tampoco puede emitir ningún ruido.

La salamandra **MÁS PEQUEÑA** es la **salamandra caudada mexicana**, de solo **2,5 cm** de longitud, incluida la cola.

La **hembra** de la **salamandra alpina** pone unos **60 HUEVOS**, pero **TODOS, SALVO ENTRE 1 Y 4, SE LOS COME** la primera cría que eclosiona.

El **ANFIBIO MÁS GRANDE** es la **salamandra gigante china.** Puede alcanzar **1,8 m** de longitud.

Con **38 meses,** la **SALAMANDRA ALPINA** tiene el **PERIODO DE GESTACIÓN MÁS LARGO** de todos los vertebrados terrestres.

La **SALAMANDRA GIGANTE JAPONESA** puede vivir más de **50 años.**

La **SALAMANDRA DE COLA LARGA** tiene una **COLA** de hasta **10 cm,** $^2/_3$ **DE SU LONGITUD TOTAL.**

La **salamandra gigante de las palmeras** lanza su **LENGUA** para **CAZAR** en **7 milisegundos, 50 veces menos** tiempo que **UN PARPADEO.**

Los **sirens** son unas **SALAMANDRAS DE AMÉRICA DEL NORTE** que solo tienen **1 PAR DE PATAS.** Durante una época de sequía pueden estar hasta **2 años** envueltos en barro **SIN COMER.**

La **salamandra arborícola** vive en los árboles y **TREPA HASTA LOS 18 m.**

El **ajolote** es una salamandra que **NO COMPLETA LA METAMORFOSIS** y se queda en el agua. Quedan **SOLO ENTRE 50 Y 1000** en los lagos de México.

TORTUGAS DE TIERRA Y AGUA

Una tortuga es un reptil con un caparazón duro por encima y por debajo que lo protege. Las de agua pueden vivir tanto en el océano como en un estanque y tienen aletas. Las tortugas de tierra, en cambio, tienen patas y excavan madrigueras que utilizan como refugio para escapar del sol abrasador.

Las **TORTUGAS** viven en el planeta desde hace casi

300
míllones de años. Sus **ANCESTROS PREHISTÓRICOS** tenían **DIENTES,** y muchos **NO TENÍAN CAPARAZÓN.**

Las **TORTUGAS** anidan en tierra y **PONEN** hasta

100 huevos
DE UNA VEZ.

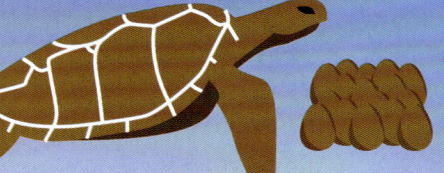

Las **MÁS GRANDES** viven hasta

100 años.
El **ANIMAL VIVO MÁS VIEJO** se cree que es una **TORTUGA GIGANTE DE SEYCHELLES** nacida en

1832.

La **TORTUGA LAÚD** puede crecer hasta alcanzar los **3 m** de longitud y pesar alrededor de

900 KG.

ARCHELON, de finales del Cretácico, fue la **ESPECIE DE TORTUGA MÁS GRANDE DE TODOS LOS TIEMPOS.** Medía unos

3,5 m
de longitud, la **ALTURA DE DOS HUMANOS ADULTOS.**

Muchas tortugas **MIGRAN** a aguas más cálidas en busca de alimento. La **TORTUGA LAÚD** puede recorrer más de

16 000 KM
EN UN AÑO.

Existen más de

300
ESPECIES.
Lamentablemente,

129
de ellas están **EN RIESGO.**

La **TORTUGA ENANA MOTEADA** puede medir solo **6 cm** y pesar **95 G.**

Es sabido que las **TORTUGAS DE TIERRA** no son veloces. El **RÉCORD DE VELOCIDAD** lo tiene Bertie, de Durham, Reino Unido, que alcanzó **28 cm/s** en julio de **2014.**

2 TORTUGAS RUSAS viajaron al **ESPACIO** en la sonda **Zond 5** en **1968.**

Al crecer la **TORTUGA,** crece su **CAPARAZÓN.** Forma parte de su **ESQUELETO** y se compone de más de **50 huesos** cubiertos por unas placas llamadas escudos.

LAS TORTUGAS NO TIENEN **níngún diente.** En su lugar, **SU PICO TIENE LOS BORDES AFILADOS,** lo que les permite morder vegetales y cortar carne.

La **HEMBRA** de la **FALSA TORTUGA MAPA** llega a la **EDAD ADULTA** en unos **3 años,** pero la **TORTUGA VERDE** puede tardar más de **40 años** en madurar.

La **TORTUGA DE LAS GALÁPAGOS** es **100 veces** **MÁS GRANDE** que su pariente viva más cercana, la **TORTUGA TERRESTRE ARGENTINA.**

Hay **13** ESPECIES de TORTUGAS GIGANTES DE LAS GALÁPAGOS.

Venenosas
SERPIENTES

Algunas serpientes usan veneno, que suelen inyectar con sus colmillos, para matar a sus presas o defenderse. El país con más serpientes venenosas es Australia, y allí está la mortífera taipán del interior. Por suerte, este peligroso reptil vive en zonas remotas, por lo que no ha matado a ninguna persona.

La serpiente terrestre **MÁS VENENOSA** es la **TAIPÁN DEL INTERIOR. SU MORDEDURA** puede inocular más de

100 MG
de veneno.

1 MG
es una **DOSIS LETAL** para un humano.

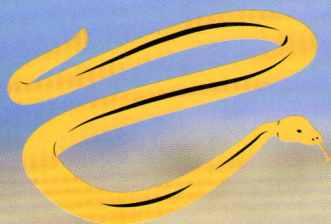

La **VÍBORA DEL GABÓN** es la que tiene **COLMILLOS MÁS LARGOS.** Pueden ser de

5 cm
de longitud.

En Asia, hay **5 especíes** de **SERPIENTES** que **PLANEAN** por el aire. Por suerte, su **VENENO** es **INOFENSIVO** para los humanos.

Existen unas **600 ESPECIES** de **SERPIENTES VENENOSAS.**

La **cobra real** es la **SERPIENTE VENENOSA MÁS LARGA.** La mayor registrada medía

5,7 m.

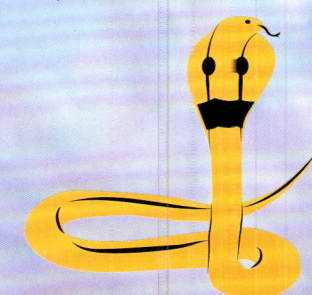

No hay
nínguna
SERPIENTE VENENOSA EN LA ANTÁRTIDA. Viven en el resto de los continentes.

La **VENENOSA SERPIENTE CABEZA DE LANZA DORADA** está solo en **1 LUGAR.** Hasta **5000 VIVEN EN LA *ISLA DE LAS COBRAS*,** frente a la costa de Brasil.

La **MAMBA NEGRA** es probablemente la **SERPIENTE MÁS RÁPIDA,** capaz de superar los **20 KM/H.**

La **víbora de foseta** tiene **2 FOSETAS TÉRMICAS** con las que **DETECTA** el **CALOR CORPORAL** de sus presas por la noche.

LAS SERPIENTES MATAN MÁS DE 100000 PERSONAS al año.

Una **SERPIENTE MUDA** de **PIEL** unas **3-6 veces** al año.

El **VENENO** de la **SERPIENTE MARRÓN ORIENTAL MATA** una persona en **15 MINUTOS.**

El **CRÓTALO ADAMANTINO** es la **SERPIENTE VENENOSA MÁS PESADA.** Una llegó a pesar **15 KG.**

½ de las **MUERTES POR MORDERURA DE SERPIENTE** ocurren en la **India.**

La **COBRA ESCUPIDORA DE MOZAMBIQUE** mide solo **90 cm** de largo, pero **ESCUPE** su **VENENO CEGADOR** a **3 m** de distancia.

La **serpiente marina de Belcher** **CONTIENE LA RESPIRACIÓN** casi **8 horas.**

Fascinantes CONSTRICTORAS

Entre las constrictoras están las boas y las pitones, las serpientes más grandes del mundo. La mayoría no son venenosas: atacan envolviendo a su presa y apretándola con sus fuertes músculos hasta que no puede respirar. Entonces se la tragan entera y la digieren lentamente.

La **SERPIENTE MÁS LARGA** es la **pitón reticulada.** Puede medir **10 m** de longitud, **CASI TANTO COMO UN AUTOBÚS.**

Una **CONSTRICTORA** puede **TRAGARSE ALGO** mucho mayor que ella misma. Una **PITÓN DE SEBA** llegó a comerse una **ímpala** de **59 KG.**

La **boa arborícola brasileña** es **MUY RARA.** Cuando **SE CAPTURÓ UNA** en 2017, no había **SIDO VISTA** en **64 años.**

La **SERPIENTE MÁS PESADA** del mundo es la **anaconda de América del Sur,** que puede pesar **227 KG,** tanto como **UN OSO GRIS MACHO.**

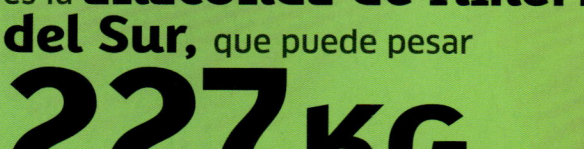

Las **boas constrictoras** viven alrededor de **30 años** en **LIBERTAD,** pero **UNA CRIADA EN EL ZOO DE FILADELFIA,** EE. UU., celebró su **40** CUMPLEAÑOS.

Las **serpientes adultas** MUDAN la **PIEL 2-3 VECES AL AÑO.** Las **JÓVENES, 1-2 VECES AL MES.**

Las **PITONES** tienen **4 filas** de **DIENTES** en su **MANDÍBULA SUPERIOR** y **2 filas** en la **INFERIOR** con las que **AGARRAN A SUS PRESAS.**

La **boa constrictora** puede tardar entre **4 y 6 DÍAS** en **DIGERIR UNA COMIDA.**

Las **serpientes** reposan **1-2 SEMANAS** entre **COMIDAS.**

Existen **56 especies** de **BOA**, incluidas las que **VIVEN EN LOS ÁRBOLES** y en el **AGUA.**

Las **boas** tienen **10-65 CRÍAS VIVAS DE UNA VEZ.** Las serpientes recién nacidas **SE LIBERAN** de una **MEMBRANA FINA** para respirar.

LAS BOAS CONSTRICTORAS conservan los **VESTIGIOS DE 2 patas traseras.**

Las **PITONES** solo **SE MUEVEN EN LÍNEA RECTA.** Levantan un poco el vientre y empujan hacia delante. Esto significa que solo se **DESLIZAN** a unos **1,6 KM/H.**

Al **APAREARSE,** las **anacondas** forman grupos de **12 machos** alrededor de **1 HEMBRA.** Después, la hembra **¡PUEDE COMERSE A UNO DE LOS MACHOS MÁS PEQUEÑOS!**

IGUANAS Y FAMILIA

Las iguanas son lagartos de sangre fría, herbívoros, con escamas puntiagudas en el lomo y larga cola. Viven principalmente en los árboles de los bosques tropicales de México, el Caribe y Sudamérica. Están emparentadas con los anguimorfos, un grupo que incluye los varanos y otros lagartos sin patas que se parecen a las serpientes. Se alimentan principalmente de carne y muchas son venenosas.

El **DRAGÓN DE KOMODO** es el **LAGARTO MÁS GRANDE Y PESADO** del mundo, y es también el **ANIMAL VENENOSO MÁS GRANDE.** Puede pesar hasta

166 KG.

Probablemente, el varano **MÁS PEQUEÑO** que haya existido es el **VARANO PIGMEO DE COLA CORTA,** que alcanza solo

25 cm

de longitud, como un pie.

Las iguanas no parecen demasiado **VELOCES,** pero la **íguana de cola espínosa** corre a

35 KM/H,

TAN RÁPIDA COMO UN VELOCISTA HUMANO.

La **IGUANA VERDE,** que vive en los árboles, **SALTA**

12–15 m

hasta ramas inferiores o incluso al suelo sin lastimarse.

La **íguana marína** puede **SUMERGIRSE** hasta **60 MINUTOS.**

La **LAGARTIJA MAGALLÁNICA** es la iguana que vive más al sur, en **TIERRA DEL FUEGO**, en la punta más meridional de Sudamérica y a unos **6000 KM** del ecuador.

El **MONSTRUO DE GILA** es el lagarto **MÁS VENENOSO** del mundo. **MENOS DE 0,5 mL** de su **VENENO** podría **MATAR A UNA PERSONA**, pero su mordedura no suele ser fatal.

El **VARANO DEL NILO** vive en África, cerca del agua. La hembra pone hasta **60 huevos EN EL INTERIOR DE LOS TERMITEROS.**

Una **IGUANA AZUL** llamada **GODZILLA** vivió **54 años** en un zoológico de Texas, Estados Unidos. En total vivió unos **69 años.**

El **DRAGÓN DE KOMODO** puede **COMER** hasta el **80%** de su **PESO** de una vez. Se le ha visto **ATACAR** un **BÚFALO DE AGUA.**

Las **IGUANAS** tienen **3 ojos.** Además de los **DOS OJOS CON LOS QUE VEN,** tienen un primitivo **OJO PARIETAL** en la parte superior de la cabeza, **SENSIBLE A LA LUZ Y A LA OSCURIDAD.**

Al **DRAGÓN DE KOMODO** le encanta **COMER ANIMALES MUERTOS. HUELE UN CADÁVER** desde **5 KM** de distancia.

El **LUCIÓN** parece un gusano, pero es un **LAGARTO SÍN patas.**

El raro **LAGARTO COCODRILO** es el **ÚNICO MIEMBRO QUE SOBREVIVE** del género de los *Shinisaurus,* unos lagartos que vivieron junto a los dinosaurios hace **120 millones DE AÑOS.**

A temperaturas por debajo de **10°C,** quedan **PARALIZADAS** y caen del árbol. Muchas sobreviven y se reaniman al **ENTRAR EN CALOR.**

Increíbles
COCODRILIOS

Los cocodrilios son grandes reptiles depredadores que se remontan a la época de los dinosaurios. Entre sus 23 especies están los cocodrilos, los aligátores, los gaviálidos y los caimanes. Todos son semiacuáticos: pasan la mayor parte del tiempo en el agua, pero descansan y ponen huevos en tierra.

En circunstancias extremas, un **cocodrílo** puede estar **1 año** sin **comer.**

Al **cocodrílo** LE CRECEN **4000 dientes** a lo largo de la **vida.**

El **cocodrílo maríno** es tan fuerte que **ATACA** presas como el **BÚFALO DE AGUA,** que pesa **1 TONELADA.**

El cocodrilio **MÁS PEQUEÑO** es el **caímán enano de América del Sur,** que solo alcanza una **LONGITUD DE 1,5 m.**

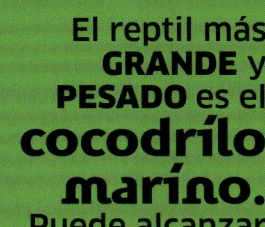

El reptil más **GRANDE** y **PESADO** es el **cocodrílo maríno.** Puede alcanzar **7 m** de longitud y pesar **1200 KG.**

Los **GAVIALES** ponen los **huevos más grandes,** con **90 mm** de largo.

Los **GRANDES PULMONES** del **COCODRILO** le permiten **ESTAR BAJO EL AGUA** hasta **15 mínutos.**

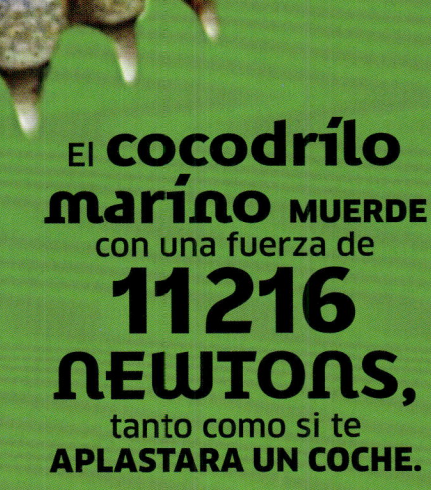

El **cocodrílo maríno** MUERDE con una fuerza de **11216 NEWTONS,** tanto como si te **APLASTARA UN COCHE.**

El cocodrilio más **VIEJO** confirmado fue un **aligátor** del **ZOO DE BELGRADO, SERBIA,** que vivió **80 años.**

El **GAVIAL** se alimenta de peces y es el cocodrilio que **MÁS DIENTES** tiene: **110 afílados díentes.**

Los **COCODRILIOS** y los **DINOSAURIOS** pertenecen a un grupo de reptiles llamados **arcosauríos,** que datan de hace **250 míllones de años.**

La **MAYOR PUESTA** de un cocodrilio fue la de una **GAVIAL** que puso **97 huevos,** de los cuales **eclosíonaron 69.**

El cocodrilio **MÁS RARO** es el **ALIGÁTOR CHINO.** Se estima que **SOLO QUEDAN 120 EN ESTADO SALVAJE** en el río Yangtsé, en China.

La hembra del **ALIGÁTOR AMERICANO** CUIDA de sus **CRÍAS** hasta que tienen **4 años.**

TOP 10
LOS REPTILES MÁS GRANDES

COCODRILO MARINO • *Crocodylus porosus* •
India, sudeste asiático, norte de Australia

1

Peso máximo: **1000 KG**

El mayor reptil viviente, es un depredador supremo
que ahoga a sus presas o se las traga enteras.

2 **COCODRILO DEL NILO** • *Crocodylus niloticus* • **África** •
Peso máximo: **750 KG**

La hembra del cocodrilo del Nilo pone entre 16 y 80 huevos en
un nido cerca de la orilla del río. Una vez que han eclosionado,
cuida de las crías durante sus primeras semanas.

3 **TORTUGA LAÚD** • *Dermochelys coriacea* • **Worldwide** •
Peso máximo: **680 KG**

La mayor tortuga marina, la tortuga laúd se alimenta de medusas
y cruza los océanos para volver a una playa concreta a desovar.

4 **AMERICAN ALLIGATOR** • *Alligator mississippiensis* •
Sudeste de Estados Unidos • Peso máximo: **454 KG**

Este poderoso depredador tiene un cuarto diente notablemente
grande en la mandíbula inferior que encaja en un orificio de la
mandíbula superior cuando cierra la boca.

5 **COCODRILO DE LAS MARISMAS** • *Crocodylus palustris* •
Subcontinente indio • Peso máximo: **450 KG**

Cuando hace demasiado frío o demasiado calor, el cocodrilo de
las marismas excava una madriguera para resguardarse.

6 **COCODRILO DEL ORINOCO** • *Crocodylus intermedius* • **Colombia,
Venezuela** • Peso máximo: **400 KG**

En peligro crítico de extinción, es el mayor depredador de
Sudamérica. Descansa de día y se alimenta de noche.

6 **CAIMÁN NEGRO** • *Melanosuchus niger* • **Norte y centro de América
del Sur** • Peso máximo: **400 KG**

El color oscuro de este gran caimán puede ayudarle a permanecer
camuflado mientras caza de noche en la cuenca del Amazonas.

6 **COCODRILO AMERICANO** • *Crocodylus acutus* • **América del Norte
y del Sur** • Peso máximo: **400 KG**

Este gran cocodrilo suele vivir solo. Toma el sol durante el día,
abriendo las mandíbulas para regular su temperatura corporal.

9 **TORTUGA DE LAS GALÁPAGOS** • *Chelonoidis niger* • **Islas Galápagos** •
Peso máximo: **260 KG**

La mayor tortuga viviente tiene un cuello largo para alcanzar
la vegetación. Puede vivir más de 100 años.

10 **GAVIAL** • *Gavialis gangeticus* • **Norte de la India** •
Peso máximo: **250 KG**

Pasa la mayor parte del tiempo en el agua, atrapando peces con su
mandíbula larga y dentada, y metiéndoselos de cabeza en la boca.

Escíncidos, lagartos serpiente y
GECKOS

Los geckos son lagartos insectívoros de piel camuflada y patas pegajosas que pueden trepar por paredes y techos. Los escíncidos son lagartos delgados que pueden reproducirse sin necesidad de un macho. Los lagartos serpiente son lagartos sin patas que están emparentados con los geckos.

Las **PATAS DEL GECKO** tienen **PELOS** de un grosor **30** veces menor que un **CABELLO HUMANO** que les permiten **CAMINAR POR LA PARED**, como si fueran **PEGAJOSAS**.

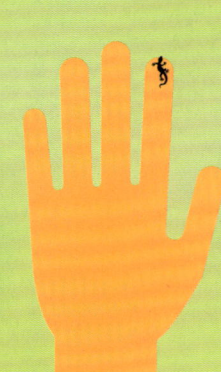

El gecko **MÁS PEQUEÑO** es el **GECKO ENANO** de la República Dominicana. Mide **33 mm** de longitud, cola incluida, y **CABRÍA EN LA PUNTA DE TU DEDO**.

El **gecko leopardo** puede **VIVIR 25 años** en cautividad.

Los **geckos** pueden **TREPAR** por un muro a una velocidad de **1 m/s.**

El gecko **VIVIENTE MÁS GRANDE** es el **gecko forestal gigante de Nueva Caledonia**. Mide hasta **36 cm** y pesa hasta **300 G.**

Si lo atrapa un depredador, el **gecko** puede **SOLTAR LA COLA**. Le **CRECE OTRA** en **30 días.**

Los **GECKOS no tienen PÁRPADOS**. Para **LIMPIARSE LOS OJOS**, se los **LAMEN** con la **LENGUA**.

El **gecko de cola de hoja** de Madagascar es el animal terrestre viviente que tiene **MÁS DIENTES:**

169

en la **MANDÍBULA SUPERIOR** y

148

en la **INFERIOR.**

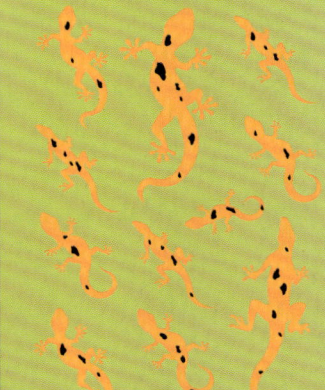

La **FAMILIA MÁS GRANDE** de lagartos es la de los **escíncidos.** Tiene más de

1500

ESPECIES en total.

El **Delma pax** es un **GECKO SIN PATAS** de Australia. Puede **OÍR SONIDOS** de **1100 Hz,** más de una octava más altos que la nota más alta de un piano.

El **ESCÍNCIDO MÁS GRANDE** vive en las islas Salomón. Alcanza los

81 cm,

INCLUIDA SU cola prensíl, que puede usar para agarrar cosas.

La hembra del **Phelsuma latícauda** pone hasta **10 huevos** por puesta.

Las **CRÍAS** del **escínco rugoso** tienen

1/3

de su peso corporal. **COMO SI UNA MUJER DIERA A LUZ UN NIÑO DE ¡6 AÑOS!**

El gecko **MÁS GRANDE CONOCIDO** es un **GECKO DE DELCOURT** disecado que se expone en el Museo de Marsella, en Francia. Tiene una longitud de

61 cm.

Los **LAGARTOS SERPIENTE** comparten sus nidos. El **LAGARTO DE PIE DE ALETA DE BURTON** pone **1-3 HUEVOS,** pero **EN UN NIDO** puede haber **HASTA 20.**

El **TRIBOLONOTUS** tiene **4 fílas de espínas** en la espalda y la cola. Puede que las emplee para **COMPARTIR OLORES.**

AVES

LA **LLAMADA DEL CASUARIO** es el **SONIDO MÁS BAJO** emitido por cualquier ave, con solo

32 HZ.

Justo sobre el umbral del oído humano.

El **avestruz** es el **AVE MÁS ALTA Y MÁS GRANDE.** El macho alcanza los **2,75 m,**

1,5 veces

más alto que una **PERSONA** adulta.

El **ÑANDÚ** SUDAMERICANO pone sus huevos en **NIDOS COMPARTIDOS.** Puede haber

30 huevos

en un solo nido, con un macho que les da calor.

Hay **KIWIS** desde hace más de

30 millones DE AÑOS,

lo que hace de ellos las **AVES VIVIENTES MÁS ANTIGUAS.**

LOS OJOS DEL AVESTRUZ tienen un diámetro de

5 cm,

EL TAMAÑO DE UNA BOLA DE BILLAR.

El **AVESTRUZ** es el animal que pone el **HUEVO MÁS GRANDE.** Lo pone en un hoyo en el suelo y puede medir

15 cm

de longitud y pesar

1,5 KG.

Los **avestruces** corren **MÁS DEPRISA** que cualquier otra ave, a **72 km/h.**

Los **casuaríos** de Australia y Nueva Guinea **LUCHAN CON SUS PATAS.** Tienen unas **AFILADAS GARRAS** de hasta

10 cm.

El **kakapo** de Nueva Zelanda es el **LORO MÁS PESADO.** Esta ave nocturna no voladora puede pesar más de

3 KG.

NO VOLADORAS

El avestruz, el emú, el casuario, el ñandú y el kiwi son aves no voladoras del grupo de las ratites y entre ellas se encuentran las aves más grandes del planeta. Otras aves no voladoras son el kakapo –un tipo de loro de Nueva Zelanda– y los pingüinos (ver pp. 88-89).

El del **AVESTRUZ** es el **HUEVO MÁS DURO DE TODAS LAS AVES.** Uno **RESISTIÓ** que un **PANDA GIGANTE** de

115 KG

SE SENTARA SOBRE ÉL.

En estado salvaje, el **KAKAPO** puede **VIVIR HASTA** unos

27–60

AÑOS.

Un **emú** RECORRE hasta **500 KM** o más a fin de **ENCONTRAR ALIMENTO.**

Los **AVESTRUCES** crían sus polluelos en común. En un **GRUPO DE CRÍA** puede haber **300 PEQUEÑOS.**

El **KIWI MARRÓN** es nocturno. Su llamada se oye desde

1,5 KM.

El **kiwi** es el que pone los **HUEVOS MÁS GRANDES EN RELACIÓN CON SU TAMAÑO.** La hembra del kiwi marrón puede poner un huevo de hasta **400 G,** casi un

25%

de su **MASA CORPORAL.**

El **AVESTRUZ** es la única ave que solo tiene **2 dedos** en **CADA PIE.** El **RESTO TIENEN 3 o 4.**

Perfectos
PINGÜINOS

Los pingüinos son aves marinas y no pueden volar, pero son grandes nadadores, de músculos fuertes y patas palmeadas para impulsarse en el agua. No son ideales para caminar por la tierra, así que caminan de manera patosa, saltan o se deslizan sobre el vientre. Casi todas las especies viven al sur del ecuador.

El **PINGÜINO NADA** a unos **24 KM/H,** pero el pingüino de **HUMBOLDT** puede superar los **48 KM/H** en distancias cortas.

La población del **PINGÜINO MACARONI** alcanza los **18 millones,** más que cualquier otra especie.

El **KRIL** constituye el **90%** de la **DIETA DEL PINGÜINO MACARONI.** Cada año comen **MILLONES DE TONELADAS** de estos crustáceos.

El **pingüino más pequeño** está en el sur de Australia y en Nueva Zelanda. El **PINGÜINO AZUL, O PINGÜINO DEL HADA,** mide solo **40 cm** de altura.

Cuando el **PINGÜINO JUANITO MUDA** y cambia sus plumas, puede **PERDER MÁS** DE **1/2** DE SU **MASA CORPORAL.**

El **PINGÜINO COLOSO,** que vivió hace unos **37 millones DE AÑOS,** medía **2 m** de altura. **MÁS QUE UNA PERSONA.**

Existen **18 ESPECIES RECONOCIDAS DE PINGÜINOS** y menos de la **MITAD** de ellas **VIVEN EN LA ANTÁRTIDA.**

El **PINGÜINO OJIGUALDO** es la especie de pingüinos **MÁS AMENAZADA.** Quedan solo unos

4000

EN ESTADO SALVAJE.

Se creía que el **PINGÜINO REY** era la **ESPECIE DE PINGÜINO MÁS GRANDE,** pero el **PINGÜINO EMPERADOR** es

30 cm
MÁS ALTO.

La Antártida tiene la **MAYOR COLONIA DE PINGÜINOS: 2 millones** de **PINGÜINOS BARBIJO** crían en las laderas de un volcán activo.

Un **PINGÜINO EMPERADOR** tiene el récord de **INMERSIÓN** de cualquier ave: **564 m** BAJO EL NIVEL DEL MAR.

Un **PINGÜINO** come a diario hasta

5 KG
de **PESCADO.**

Los **PINGÜINOS** pasan hasta el

80%
de su **VIDA EN EL AGUA** y se **SUMERGEN** más de

200 veces
al día.

LAS BURBUJAS DE AIRE LES AYUDAN a saltar sobre el agua. Algunos **PINGÜINOS PEQUEÑOS** llegan a **SALTAR HASTA CASI**

3 m.

En toda la Antártida hay

54
COLONIAS DE PINGÜINO EMPERADOR. La **MITAD** se han **DESCUBIERTO CON SATÉLITES,** que detectan las **GRANDES MANCHAS DE CACA** que quedan en las zonas de cría.

Las **PLUMAS MÁS LARGAS** nunca vistas en un ave son las del **FAISÁN VENERADO**, que pueden llegar a medir hasta

2,4 m.

Un **FAISÁN** macho puede formar un grupo, o **HARÉN**, de hasta

12 hembras.

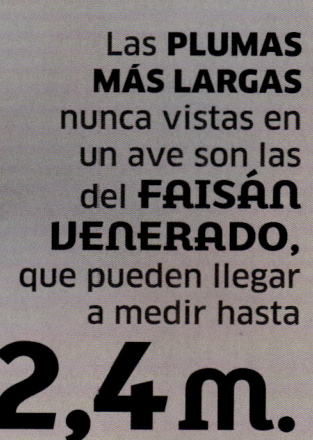

Los **FAISANES** suelen **CAMINAR POR EL SUELO** más que volar. Corren hasta a

16 KM/H.

La **TASA DE SUPERVIVENCIA** de los **FAISANES** en un **INVIERNO BENIGNO** ronda el **95%**. En un **INVIERNO CRUDO** puede caer al **20%**.

La **LONGITUD MEDIA** de un **FAISÁN** es de

61 cm.

El pavo real **MÁS GRANDE** es el **CUELLIVERDE**. Algunos ejemplares alcanzan

3 m

de longitud. Podría ser la **MAYOR AVE VIVIENTE.**

El **COLORIDO ABANICO DEL PAVO REAL** puede medir **1,8 m.** Las **LARGAS PLUMAS** están unidas a la base de su **COLA.**

El macho del **FAISÁN DORADO** alcanza una **ENVERGADURA** de hasta **75 cm.**

La **COLA DE UN PAVO REAL** se compone de unas

200 plumas.

Todos los años les caen y les vuelven a crecer.

Los **PAVOS REALES** desarrollan su **PRIMER ABANICO** a los **2 años.** Alcanza su **LONGITUD MÁXIMA** unos **4 años después.**

FAISANES Y PERDICES

Los faisanes y las perdices pertenecen a la misma familia de aves, pero las diferencias de tamaño y color entre ambos ayudan a distinguirlos. Las perdices suelen tener la cola corta y los faisanes, mucho más larga. Los pavos reales están emparentados con los faisanes y los machos son famosos por su colorido plumaje.

Los **PAVOS REALES** tienen **11 reclamos** distintos. Los de los machos son más fuertes que los de las hembras.

La **perdiz griega** PONE SUS HUEVOS en **2 nidos separados.** El macho cuida de uno y la hembra, del otro.

Las **PERDICES** ponen **MÁS HUEVOS** que muchas otras aves, con **10-20** HUEVOS POR PUESTA.

EN 1913 SE ENCONTRÓ POR PRIMERA VEZ LA **PLUMA** de un **PAVO REAL AFRICANO.** La **BÚSQUEDA DE LA ESPECIE** duró **23 años.**

Una **PERDIZ** mide unos **30cm** DE ALTURA.

La **COLA DEL PAVO REAL** supera el **60%** DE SU LONGITUD TOTAL.

La mayoría de los polluelos de **PERDIZ** dejan el **NIDO** horas después de eclosionar, pero los de la **PERDIZ RULRUL SE QUEDAN** en él **1 semana.**

La mayoría de las **PERDICES VIVEN** unos **2 años,** pero la **PERDIZ ROJA** llega a **VIVR** hasta **6 años.**

PALOMAS Y TÓRTOLAS

Es fácil confundir palomas y tórtolas, pues son de la misma familia. Las más grandes suelen ser palomas y las más pequeñas, tórtolas. Las palomas y las tórtolas chupan los líquidos en lugar de sorberlos como otras aves. Las palomas suelen tener la cola más larga, que se abre en abanico.

Una **paloma** **OYE FRECUENCIAS DE HASTA 0,5 HZ,** más bajas que ningún otro animal.

Algunas **TÓRTOLAS** pueden recorrer más de **32 KM EN BUSCA DE ALIMENTO.**

En **2014,** otras aves **ATACARON 2 PALOMAS DE LA PAZ** en la **CIUDAD DEL VATICANO** porque su **BLANCO PLUMAJE** las hacía destacar del resto.

En el **SIGLO XIX, EN NORTEAMÉRICA** había **10 000 MILLONES** de **PALOMAS MIGRATORIAS,** más que cualquier otra ave.

La **tórtola COME** hasta el **20%** de **SU PESO CORPORAL TODOS LOS DÍAS.**

Una **PALOMA** sabe **REGRESAR** a su nido desde **2000 KM** de distancia.

Las **palomas** LLEVABAN MENSAJES en las **GUERRAS.** En 1918, una paloma llamada **CHER AMI** ayudó a **SALVAR** a **194 SOLDADOS** estadounidenses que quedaron aislados.

A causa de los depredadores, la caza y las tormentas, solo el **25%** de las **CRÍAS DE TÓRTOLA** viven más de **1 AÑO**.

Las **SEMILLAS** constituyen el **99%** de la **DIETA DE LA TÓRTOLA.**

Los **NIDOS** de **PALOMA** contienen **1 o 2 huevos.** El macho cuida del nido durante el día y la hembra, durante la noche.

La **paloma de Nícobar,** a diferencia de otras, **VUELA** en **UNA SOLA FILA** o en columnas.

En la **PRIMERA GUERRA MUNDIAL** se usaron más de **100 000 PALOMAS MENSAJERAS.**

DURANTE 75 AÑOS se creyó que la **COLUMBINA OJIAZUL** de Brasil se había **EXTINGUIDO,** hasta que se hallaron 12 **SALVAJES** en 2015.

De media, las **palomas VUELAN** a una velocidad de **125 KM/H.**

En Mesopotamia, actual Irak, los arqueólogos han encontrado unos **DIBUJOS DE PALOMAS** hechos hace **5000 AÑOS**

Hay **MÁS DE 300 ESPECIES** de **PALOMAS** y **TÓRTOLAS.**

Con un peso de **3,5 KG,** la **PALOMA CRESTADA VICTORIA** es la especie **MÁS GRANDE** de **PALOMA SILVESTRE.**

LOROS Y TUCANES

Los loros son aves inteligentes y sociables de hábitats tropicales. Son ruidosos e imitan el habla humana. Los tucanes no están emparentados con los loros: los loros tienen un pico pequeño y fuerte, mientras que el del tucán es largo y ancho.

Un **loro gris africano** tiene la **INTELIGENCIA** de un **niño de 5 años.**

La **CACATÚA NEGRA** tiene el **pico más largo** que cualquier otra, con **9 cm** de longitud.

El **LORO MÁS RUIDOSO** es la **cacatúa moluqueña.** Con **135 dB** suena **MÁS FUERTE QUE UN AVIÓN** al despegar.

El loro **MÁS VELOZ** es el **periquito migrador,** que alcanza **88 KM/H.**

Existen casi **400 especies** DE LOROS.

Los **LOROS** tienen **4 dedos** en cada pata: **DOS HACIA DELANTE** y **DOS HACIA ATRÁS**.

El **LORO MÁS PEQUEÑO**, el **microloro pusío**, tiene la **LONGITUD DEL DEDO DE UNA PERSONA** y pesa unos **12 G.**

Casi **½** de la **LONGITUD** del **tucán toco** corresponde a su **COLORIDO PICO.**

Con un peso de **876 G** y una longitud de **65 cm**, el macho del **tucán toco** es el tucán **MÁS GRANDE** de todos.

Se estima que solo hay unos **10 000 tucanes en estado salvaje.**

La mayoría de las **CRÍAS DE TUCÁN** pesan unos **40 G** al nacer, pero **PASADOS CUATRO MESES** alcanzan **1 KG** o incluso más.

Los **TUCANES** son sociables y viven en **BANDADAS** de hasta **22 aves.**

El **MACHO DEL KAKAPO**, que solo vive en **NUEVA ZELANDA**, es el **LORO más pesado.** Puede alcanzar los **4 KG** de peso.

La **LENGUA** de los **tucanes** mide unos **15 cm** de largo y **EMPUJA LA COMIDA** por el cuello.

Los **LOROS GRANDES** viven unos **50 años,** pero una **CACATÚA** llamada **COOKIE** vivió hasta los **83 años.**

TOP 10
LOS PICOS
MÁS LARGOS

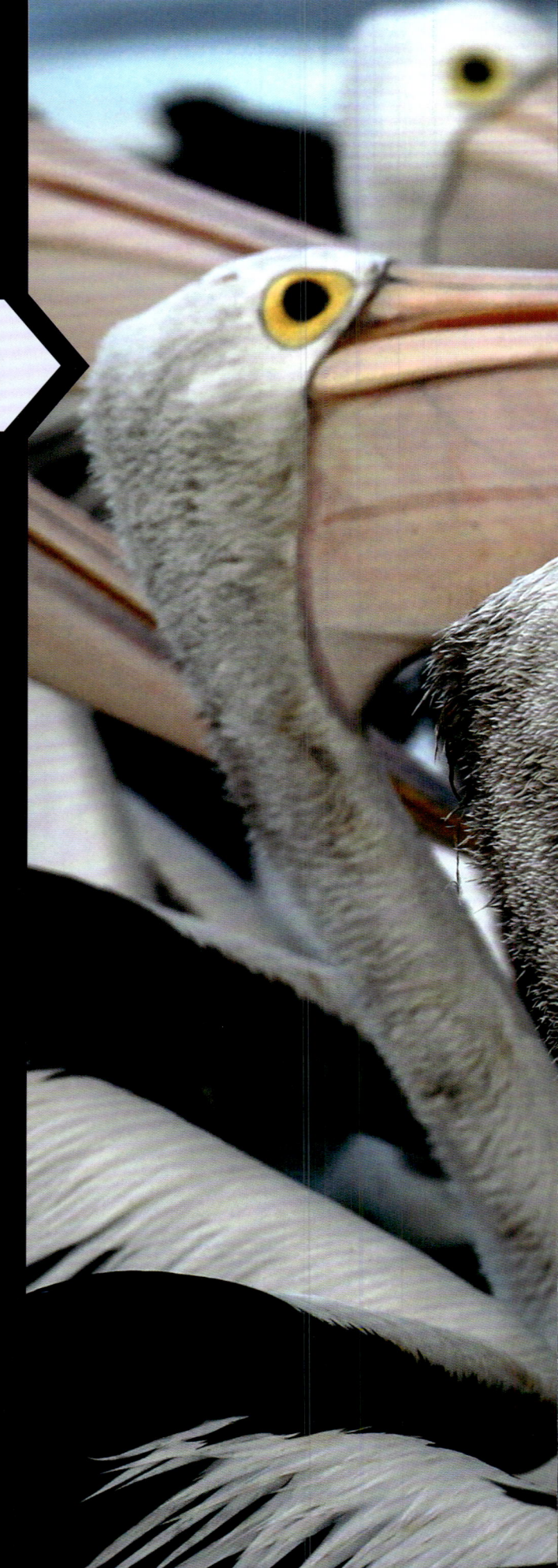

PELÍCANOS • *Pelecanus* • Todos los continentes, salvo en las regiones polares • Longitud del pico: **47 CM**

1

El pelícano tiene un pico largo y grande, con una bolsa extensible. El pelícano australiano tiene el récord: ninguna otra ave tiene un pico más largo.

2 **CIGÜEÑAS** • *Ciconiidae* • Todos los continentes, salvo regiones polares y la mayor parte de Australia • Longitud del pico: **40 CM**

La cigüeña marabú es una gran ave de pico largo y afilado. Tiene una gran bolsa rosada en la garganta, con la que atrae a su pareja.

3 **BUCERÓTIDOS** • *Bucerotidae* • África y Asia • Longitud del pico: **30 CM**

Muchos tocos y cálaos tienen una cámara de resonancia en el pico, conocida como «casque», que amplifica su canto.

4 **PICOZAPATO** • *Balaeniceps rex* • África oriental• Longitud del pico: **24 CM**

Este pájaro de aspecto extraño emplea su gran pico para apuñalar tortugas, serpientes, siluros y muchos otros animales.

4 **ESPÁTULAS** • *Platalea* • Todos los continentes, salvo la Antártida • Longitud del pico: **24 CM**

Los polluelos de espátula nacen con el pico recto; la forma de cuchara solo crece al desarrollarse el animal.

6 **ZARAPITOS** • *Numenius* • Todo el mundo • Longitud del pico: **23 CM**

Al buscar comida en el barro, la punta del pico actúa de forma independiente del resto del pico, moviéndose como unas pinzas.

7 **GARZAS GOLIAT** • *Ardea goliath* • África y Asia • Longitud del pico: **22,5 CM**

Las garzas Goliat cierran su afilado pico para atravesar un pez como si fuera una lanza. Llevan el pez a tierra y esperan a que muera antes de abrir el pico del todo para tragárselo entero.

8 **TUCANES** • *Ramphastidae* • América Central y del Sur • Longitud del pico: **20 CM**

Aunque parezca pesado, su pico es muy ligero: está hecho de un material fino y resistente con muchas cámaras de aire.

9 **FLAMENCOS** • *Phoenicopteriformes* • América del Norte y del Sur, Europa, África y Asia • Longitud del pico: **18 CM**

Los flamencos filtran el alimento del agua con unas crestas en forma de dientes situadas en la parte exterior del pico.

9 **FRAGATAS** • *Fregata* • Regiones tropicales de todo el mundo • Longitud del pico: **18 CM**

Las fragatas a veces usan sus largos picos ganchudos para robar peces a otras aves.

COLIBRÍES Y VENCEJOS

Los diminutos colibríes y los vencejos son aves de vuelo rápido que rara vez se posan. Los colibríes se alimentan de néctar y se mantienen batiendo las alas a una gran velocidad, más deprisa que cualquier otra ave.

El **ALETEO MÁS RÁPIDO** registrado es el de un **colíbrí cornudíto**, que batía sus alas

90 veces POR SEGUNDO.

Los **COLIBRÍES** y los **VENCEJOS VIVEN** hasta **7 años.**

Un **colíbrí NECESITA COMER** el equivalente a

1,5 veces su **MASA CORPORAL CADA DÍA.**

En el **BAILE DE CORTEJO**, el macho del **colíbrí de Ana BAJA EN PICADO** a **80 KM/H** y vuelve a subir.

El **vencejo común** puede **VOLAR 500 000 KM SIN PARAR** a lo largo de **2 años.**

Los pies del **VENCEJO**, tienen los **4 dedos HACIA DELANTE.** Solo suele posarse de noche.

El **NIDO DE AVE MÁS PEQUEÑO** es el del **COLIBRÍ ZUMBADORCITO.** Mide solo **2,5 cm**, la mitad que una cáscara de nuez.

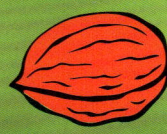

El **VENCEJO MONGOL** tiene unas púas que le sobresalen unos **6mm** del extremo de las **PLUMAS DE LA COLA.** Le **AYUDAN A MANTENER EL EQUILIBRIO** en los acantilados a los que se aferra.

El **ave más pequeña** es el **colíbrí zunzuncíto,** 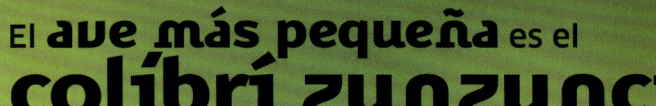 que mide solo **57 mm** de largo, y la mitad es cola. Pesa **1,6 G,** menos que el tapón de una botella.

El **colíbrí pícoespada** tiene el **PICO MÁS LARGO QUE EL CUERPO** (sin contar la cola). Puede llegar a medir hasta **11 cm** de largo.

La **salangana culíblanca** pone **2 HUEVOS** con un lapso de unas semanas. Cuando el primero eclosiona, se pone a incubar el segundo.

El **pícaflor gígante** de la Patagonia es el **COLIBRÍ MÁS GRANDE.** Mide **23 cm** de largo y pesa hasta **24 G,** casi el doble que el siguiente más pesado.

El **corazón del colíbrí LATE** casi **1200 veces POR MINUTO** cuando se para **EN EL AIRE.**

El **colíbrí zumbadorcíto** es el ave que pone los **HUEVOS MÁS PEQUEÑOS.** Miden menos de **1 cm** de diámetro y son poco **MÁS GRANDES QUE UN GUISANTE.**

El **COLIBRÍ DE GARGANTA ROJA** es el **AVE MIGRATORIA MÁS PEQUEÑA.** Solo pesa **3 G** y cada año vuela **3000 KM.**

Sorprendentes martines
PESCADORES

Los martines pescadores y sus parientes (tocos, cálaos, carracas, abubillas y abejarucos) son aves de cabeza y pico grandes y plumas brillantes. Aunque no comen lo mismo, todos transportan a sus presas hasta un lugar donde las aturden o matan antes de comérselas.

El **MARTÍN PESCADOR MÁS GRANDE** es la **CUCABURRA** de Australia, cuyo reclamo parece una risa. Puede pesar hasta **450 G.**

El martín pescador **MÁS PEQUEÑO** es el **MARTÍN PIGMEO AFRICANO**, de solo **12 cm** de longitud y **14 G** de peso.

El **CÁLAO DE YELMO** tiene un casquete sólido en forma de cuerno en la parte superior del pico. **EL CASQUETE Y EL CRÁNEO PUEDEN PESAR 3 KG.**

El **MARTÍN PESCADOR SIBERIANO MIGRA** unos **3000 KM** hasta el sudeste asiático para pasar el invierno.

Las plumas de la **carraca líla** son de **8 COLORES**: lila, verde, blanco, negro, amarillo, turquesa, azul oscuro y marrón rojizo.

Existen **3 ESPECIES** de **ABUBILLAS** —africana, eurasiática y de Madagascar—, pero **SOLO LA EURASIÁTICA MIGRA** a un lugar más cálido para pasar el invierno.

Cada **AÑO**, el **MARTÍN PESCADOR** tiene **3 puestas,** cada una de **6-7 polluelos,** pero solo la mitad sobreviven.

El **CÁLAO ANIDA EN AGUJEROS DE LOS ÁRBOLES O EN LAS ROCAS.** La hembra pasa **96 DÍAS DENTRO** de este nido oculto.

El **martín pescador común** solo **CUIDA DE SUS CRÍAS 4 DÍAS DESPUÉS DE QUE EMPLUMEZCAN.**

El **CÁLAO TERRESTRE SUREÑO** puede **VIVIR** hasta **70 AÑOS** en cautividad.

El **martín pescador** VIGILA UNA FRANJA de hasta **3,5 KM** a lo largo del río.

El **ABEJARUCO DE FRENTE BLANCA** anida en agujeros en acantilados o bancos de tierra. Hasta **100 AVES VIVEN JUNTAS.**

Al **CÁLAO** le **ENCANTAN LOS HIGOS.** Hasta **200** pueden **COMER DE UN ÁRBOL** a la vez.

La **CUCABURRA** ataca y se **COME SERPIENTES** de hasta **1m** de longitud.

El **martín gigante** africano **EXCAVA UN TÚNEL** de hasta **8,5m** de largo.

Maravillosos pájaros
CARPINTEROS

Los pájaros carpinteros y los torcecuellos son aves de bosque que viven en agujeros de los troncos. Los pájaros carpinteros son excelentes trepadores y golpean con el pico la corteza de los árboles para indicar su territorio.

Dos **PÁJAROS CARPINTEROS** tardan **1 mes** en perforar un **NIDO** en el **TRONCO DE UN ÁRBOL.**

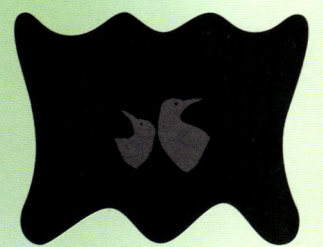

Para volar, el **PÁJARO CARPINTERO** **BATE** las alas **3 veces,** y luego las pliega para planear un poco.

El **CARPINTERO IMPERIAL** es el **MÁS GRANDE** de su especie. Llega a medir **60 cm.**

El **TORCECUELLO** es un **PÁJARO CARPINTERO** pequeño y de **COLA CORTA.** Se llama así porque gira la cabeza hasta **180°.**

El **CARPINTERO BELLOTERO** hace agujeros en árboles viejos y **ALMACENA BELLOTAS.** En algún árbol, hay hasta **50000 hoyos.**

El **PÁJARO CARPINTERO MÁS PEQUEÑO** es el **carpinterito del Amazonas.** Mide solo **7,5 cm** de largo y pesa **8 G.**

El ave que tiene la **LENGUA MÁS LARGA** en relación con su tamaño es el **TORCECUELLO.** Mide $2/3$ **DE SU TAMAÑO CORPORAL.** Como si tu **LENGUA** ¡**TE LLEGARA A LAS RODILLAS!**

El **CARPINTERO** puede caminar verticalmente por un árbol porque tiene **píes zígodáctílos,** con **2 DEDOS HACIA DELANTE** y otros **2 HACIA ATRÁS.**

El **CARPINTERO** y el **TORCECUELLO** pertenecen a la familia de los **PÍCIDOS,** formada por unas **240 especíes.**

El **PÁJARO CARPINTERO PICOTEA** el árbol a un ritmo de **22 veces POR SEGUNDO.**

El **CARPINTERO BELLOTERO** tiene hasta **10 CRÍAS.** Los **PADRES** las cuidan hasta que ya son **polluelos.**

El **PICAMADEROS NEGRO** picotea los **TRONCOS** unas **12000 veces AL DÍA.**

El carpintero **MÁS LONGEVO** es el **CARPINTERO DE CAROLINA,** en Norteamérica. En estado salvaje puede vivir unos **20,7 años.**

Los **POLLUELOS DE CARPINTERO DEPENDEN POR COMPLETO** de sus padres en los primeros **20-30 días** de vida.

Cuando el **CARPINTERO** martillea un árbol, su cabeza se somete a una **FUERZA G** de hasta **1500.** En una montaña rusa, solo experimentas una **FUERZA G** de **5 UNIDADES.**

El **CÓNDOR ANDINO** es el **AVE DE PRESA MÁS GRANDE.** Pesa hasta

15 KG

y su **ENVERGADURA** puede alcanzar los

3,2 m.

La **ESPECIE MÁS RECIENTE DESCUBIERTA** es el **BUSARDO DE SOCOTRA,** que se encontró en Yemen en

2010.

El **águila calva** AGARRA **10** VECES MÁS FUERTE que una persona.

El **halcón peregrino** VE A SUS PRESAS

desde **8 KM** de distancia, **3 VECES MÁS LEJOS QUE UNA PERSONA.**

CAYENDO EN PICADO a

320 KM/H,

EL HALCÓN PEREGRINO es el **AVE MÁS RÁPIDA REGISTRADA.**

El **RATONERO DE COLA ROJA** puede **VER UN ROEDOR** en el suelo desde una altura de unos

30 m.

Cuando vuela, el **CORAZÓN** del **halcón peregrino** LATE

350 VECES POR MINUTO.

La mayoría de las **ÁGUILAS** pueden **LLEVAR PRESAS** de hasta

4 veces

SU PROPIO PESO.

AVES RAPACES

Las aves rapaces cazan animales para alimentarse. Entre ellas encontramos las águilas, los gavilanes, los halcones y los buitres. Se alimentan principalmente de peces, roedores, lagartos y carroña. Las rapaces tienen una visión excelente para localizar sus presas, un pico ganchudo y garras fuertes y afiladas.

La **DIETA** del **ÁGUILA PESCADORA** es un

99%

PESCADO.

El **pígargo malgache** es el tipo de águila **MÁS RARO**. Hay menos de

240

ejemplares **SALVAJES.**

El ave voladora **EXTINTA MÁS PESADA** era *ARGENTAVIS MAGINIFICENS*, un buitre que pesaba

72 KG.

Vivió hace

5–8

MILLONES DE AÑOS.

La **hembra** de la **arpía mayor** **SE LANZA** sobre una gran presa a

32 KM/H.

Ataca a perezosos y a monos aulladores.

El **ÁCIDO DEL ESTÓMAGO** del **BUITRE'** tiene un **PH** de

1,0

y digiere bacterias. **NINGÚN OTRO ANIMAL** tiene tal **NIVEL DE ACIDEZ.**

En la **SEGUNDA GUERRA MUNDIAL,** se **ATACÓ** con **halcones** a las **16 500 PALOMAS MENSAJERAS** que comunicaban el Reino Unido con Europa.

Hay más de

560

especíes DE AVES DE PRESA.

Ululantes
BÚHOS

Hay más de 200 especies de búhos. La mayoría cazan de noche gracias a su excelente visión. Tienen muchas capas de plumas blandas, que les permiten volar y abalanzarse sobre sus presas sin hacer ningún ruido.

El búho **MÁS GRANDE** es el **BÚHO REAL**, con una **ENVERGADURA** de **1,5 M.**

El **MÁS PEQUEÑO CONOCIDO** es el **mochuelo de los saguaros,** del sudoeste de Estados Unidos y México.

Con **50 G** y **14 cm,** tiene el **TAMAÑO DE UNA LATA.**

Los **búhos** tienen **UN OÍDO SUPERSENSIBLE.** Son capaces de **OÍR QUE UN RATÓN** ha pisado una ramita desde **23 m** de distancia.

LOS OJOS DEL BÚHO son el **3%** de su **PESO TOTAL**

La **HEMBRA DEL BÚHO** suele ser un **25% MAYOR QUE EL MACHO.**

Los **ojos del búho** son **DEMASIADO GRANDES PARA GIRAR,** y gira la cabeza para mirar alrededor. Algunos pueden **GIRAR LA CABEZA 270°.**

Como todas las aves, tienen **3 PARES DE PÁRPADOS:** uno para **PARPADEAR,** otro para **DORMIR** y otro para **LIMPIARSE LOS OJOS.**

Los **BÚHOS PONEN** hasta **13 HUEVOS** cada vez.

Los **BÚHOS** tienen una sorprendente **VISIÓN NOCTURNA,** hasta **100 VECES MEJOR QUE LA NUESTRA.**

La **lechuza común** COME unos **1000** ratones al año, que se traga enteros.

El **CÁRABO GAVILÁN** puede **OÍR UNA PRESA** moverse **BAJO 30 CM DE NIEVE.**

El **MÁS FRECUENTE** es el **MOCHUELO COMÚN,** con una población estimada de **5–15 millones** en **EUROPA, NORTE DE ÁFRICA Y ASIA.**

El **ESTÓMAGO DE LOS BÚHOS** tiene **2 PARTES:** estómago glandular y molleja, donde huesos, piel y plumas se **TRITURAN** y transforman en **PLUMADAS** que luego **REGURGITAN.**

El **BÚHO** tiene en el cuello **14 VÉRTEBRAS** en lugar de las **7** que tienen la **MAYORÍA DE LAS AVES.**

El **mochuelo de madriguera** vive en túneles abandonados por tejones o perritos de las praderas. El **80% DE SU DIETA SON INSECTOS.**

El **porrón malgache** es probablemente el **PATO MÁS RARO DEL MUNDO**. Se creía extinto, **PERO HAY UNOS**

90.

Un **PATO CRIOLLO** llamado **Big Dave** fue **VENDIDO EN UNA SUBASTA** por

1500£.

Un **PATO** que se llama **Ben Afquack**, **QUE TOCA EL TAMBOR**, tiene más de

99 500

SEGUIDORES EN INSTAGRAM.

Los **HUEVOS DE PATO** suelen tardar **28 días EN ECLOSIONAR**, pero los del **PATO CRIOLLO** tardan

35.

El **PATO ENANO**, la **RAZA MÁS PEQUEÑA** de pato doméstico, **PESA MENOS DE**

1KG.

En cautividad, los **patos** suelen **PONER MÁS HUEVOS QUE LAS GALLINAS.** También son

1/3

mayores.

El macho del **PATO CRESTUDO** tiene una **PROTUBERANCIA EN EL PICO** que crece **3 veces PARA APAREARSE.**

Unos **13 500 PATOS MANDARINES** pasan el **INVIERNO EN REINO UNIDO.**

Intrépidos
PATOS

Los patos suelen vivir cerca de ríos y lagos. Sus plumas son impermeables gracias a un aceite que produce su glándula uropígea. Usan el pico para frotarse el aceite y crear una barrera protectora. Tienen patas palmeadas para impulsarse en el agua y buscan en la maleza con su pico.

Un **pato de Pekín** blanco puso un **HUEVO** de **227 G, EL MÁS PESADO** registrado. Dentro de él había otro huevo.

Los **patitos** suelen **ESTAR CON SU MADRE** unos **60 días** tras salir del huevo para aprender a nadar y a encontrar comida.

LOS PATOS SUELEN VIVIR 5–10 años, pero **UNO LLEGÓ** hasta los **29.**

Los **PATOS** viven en todos los **CONTINENTES EXCEPTO EN uno: la Antártida.**

La mayoría de los **PATOS MACHO MUDAN** las plumas **2 veces AL AÑO.**

CUANDO UN PATO MUDA, pueden pasar hasta **30 días** para que **SALGAN NUEVAS PLUMAS** y **VUELE DE NUEVO.**

Gracias a la **FORMA Y LA POSICIÓN** de sus **OJOS,** el **ÁNADE REAL** tiene una **visión de 360°.**

El **GANSO ESPOLONADO**  es el ganso de **VUELO MÁS VELOZ,** y puede alcanzar una velocidad máxima de **142 KM/H.**

En **1932** quedaban solo unos **77 cisnes trompeteros** en **ESTADOS UNIDOS.** Los programas de **CONSERVACIÓN** han hecho que **HOY SEAN MÁS** DE **63 000.**

El **cisne de cuello negro** es el **MÁS PEQUEÑO** y mide **102–124 cm de largo,** pero es también el **MAYOR DE ESTA FAMILIA,** propia de **AMÉRICA DEL SUR.**

El **cisne chico** hace un **VIAJE DE IDA Y VUELTA** de **5995 KM** **DOS VECES AL AÑO** entre el **ÁRTICO** y **AMÉRICA DEL NORTE.**

Se han encontrado **FÓSILES DE GANSO** que datan de hace más de **10 millones de años.**

Un **GANSO GRANDE** puede **COMER** más de **1 KG** de **HIERBA CADA DÍA.**

Con viento de cola, al **MIGRAR,** la **BARNACLA CANADIENSE** puede recorrer **2400 KM** **EN 24 HORAS.**

El **CISNE COMÚN** **PESA** unos **15 KG.**

GANSOS Y CISNES

Los gansos, u ocas, y los cisnes están estrechamente emparentados con los patos, y todos ellos se conocen como aves acuáticas. Estas aves suelen tener una pareja de por vida, pero si un ave muere, el animal superviviente puede encontrar una nueva pareja. La pareja también puede separarse si no consigue tener crías.

En **1977**, **Speckle**, un ganso de Ohio, Estados Unidos, puso el **HUEVO MÁS PESADO:** **680** G.

El **cisne común** incuba sus **huevos 35–41 días.**

Como otras aves, el **CISNE** puede **SOSTENERSE** sobre **1 PATA.** Esto le ayuda a **ABSORBER CALOR** con su pie.

Los polluelos de ganso vuelan a partir de las **10 semanas** después de nacer, pero suelen **ESTAR CON SUS PADRES** durante **1 año.**

El **CISNE COMÚN** pone hasta 7 huevos al año.

El ganso George, de Thornton, Reino Unido, **VIVIÓ 49 años** y **8 meses.**

CIGÜEÑAS, IBIS Y GARZAS

Las garzas viven en todos los continentes salvo en la Antártida, y las cigüeñas y los ibis, en casi todo el mundo. Todas estas aves tienen las patas y el cuello largos y se alimentan de peces e insectos, pero presentan muchas diferencias. Las garzas tienen el cuello en forma de S y las cigüeñas no cantan, sino que gruñen y silban.

El **MARABÚ AFRICANO** es la **CIGÜEÑA MÁS GRANDE.** Mide **1,5 m** y pesa **8,9 kg.**

La **CIGÜEÑA BLANCA** tiene solo **1 pareja.**

El **cigüeñón** CAZA ABRIENDO SU PICO en el agua. PUEDE CERRARLO EN SOLO **25 milisegundos** para atrapar un pez.

El **marabú africano** es la cigüeña de **MAYOR ENVERGADURA,** con **3,2 m.**

La **CIGÜEÑA** pone hasta **7 huevos** de una vez, pero no todos los polluelos sobreviven hasta adultos.

Con **47 cm** de altura, el **íbis manchado** es el **MÁS PEQUEÑO.** Tiene una altura de menos de la **MITAD** que el **íbis gigante MÁS ALTO.**

Un **NIDO** de **CIGÜEÑA** puede tener un **DIÁMETRO** de casi **2 m** y una **PROFUNDIDAD** de casi **3,** y lo **COMPARTEN CON PÁJAROS MÁS PEQUEÑOS.**

El **IBIS EREMITA** es la **ÚNICA ESPECIE** de ibis **sín plumas** que le cubran su cara y cuello rojos.

Solo quedan unos **200–250 IBIS EREMITAS** en **ESTADO SALVAJE.**

El **IBIS ESCARLATA** vive en **COLONIAS** de hasta **2000 nídos** en la época de apareamiento.

Al nacer, el **IBIS ESCARLATA** tiene **PLUMAS NEGRAS.** Se le **VUELVEN COLORADAS** tras **2 años** por el marisco que come.

La **GARZA DE VIENTRE BLANCO** es la **MÁS RARA.** Hay menos de **250** en estado salvaje.

Las **GARZAS** no mastican. Se comen **ENTEROS LOS PECES tragándolos.**

CADA DÍA, la **GARZA MORENA COME** hasta **900 g** de **PESCADO.**

La **VISTA** de la **GARZA MORENA** es unas **3 veces** mejor que la de una **PERSONA.**

Los **POLLUELOS** de la **GARZA REAL** pasan unos **50 días** en el **NIDO** y luego **SIGUEN CERCA DE SUS PADRES** unas **11 semanas.**

Fantásticos
FLAMENCOS

Los flamencos son aves zancudas que se alimentan en las orillas de lagos y lagunas. Famosos por su brillante plumaje rosa, son grises o blancos al nacer. Se alimentan de pequeños organismos, como algas y gambas, y de unas plantas llamadas plancton. Los componentes del plancton son los que hacen que sus plumas adquieran el color rosa característico.

Los **3 dedos** delanteros de la **PATA DEL FLAMENCO SON PALMEADOS,** lo que **EVITA QUE SE HUNDAN** en el suelo.

Los **TOBILLOS** del **flamenco** están a la **1/2** de sus patas.

Un **FLAMENCO LLAMADO GREATER** alcanzó la edad de **83 años** en el **ZOO DE ADELAIDA,** en **AUSTRALIA.**

Existen **6 ESPECIES** de **flamencos.**

En la época de cría, pueden verse más de **1 millón** de **FLAMENCOS CHICOS** en los **GRANDES LAGOS DE ÁFRICA.**

La **BOCA** y la **GARGANTA** del **FLAMENCO** tienen un recubrimiento que le permite **BEBER** agua muy caliente, hasta a **60°C.**

Los **flamencos** suelen poner **1 huevo** cada vez. **AMBOS PROGENITORES SE OCUPAN DE LA CRÍA,** que alimentan con el fluido de su sistema digestivo.

La **ENVERGADURA DEL FLAMENCO** puede alcanzar hasta

1,8 m.

EL FLAMENCO BAILA PARA IMPRESIONAR a su pareja. Tiene por lo menos

136

combinaciones de **MOVIMIENTOS.**

El **flamenco DUERME** de pie en

1 pata.

Los **flamencos** suelen **VOLAR EN LA OSCURIDAD** y pueden recorrer más de

560 KM

EN UNA NOCHE.

Los **flamencos BEBEN 18 LITROS** de **AGUA AL DÍA.**

Los **FLAMENCOS SE VUELVEN ROSAS** a los **2 años.**

Los **flamencos** viven en **GRUPOS** de entre

2 aves

y **decenas de millares.**

1 especie

de flamenco tiene **PATAS AMARILLAS:** el **flamenco andino.**

El **FLAMENCO COME** con la **CABEZA DEL REVÉS.** Su **CUELLO** tiene

19 huesos,

por lo que es muy flexible.

Sensacionales aves
MARINAS

Las aves marinas se han adaptado a vivir en agua salada o cerca de ella. Suelen vivir más que otras aves. Gaviotas, álcidos, págalos y alcatraces son algunas de ellas. También los piqueros, que se conocen como pájaros bobos ¡por su forma tan torpe de moverse!

El **alca gígante** fue la **ESPECIE DE ÁLCIDO MÁS GRANDE.** Medía **85 cm** de alto, pero se **EXTINGUIÓ** por la **CAZA EXCESIVA** en el **síglo** XIX.

El **ARAO COMÚN** puede **VIVIR** hasta **38 años** en estado salvaje.

El **mérgulo jaspeado ANIDA A MAYOR ALTURA QUE CUALQUIER OTRA AVE: 45 m** sobre el suelo.

El **ARAO DE BRÜNNICH** es el ave voladora que más se **SUMERGE,** llegando a los **210 m** bajo el nivel del mar.

Como era de esperar, la **gavíota enana** es la **MÁS PEQUEÑA,** con una **ENVERGADURA** de solo **60 cm.**

El **ALCATRAZ COMÚN** tiene visión binocular y **PUEDE VER** barcos de pesca que están a unos **11 km** de distancia.

La **MAYOR GAVIOTA** es el **GAVIÓN ATLÁNTICO,** con una **ENVERGADURA** de 1,6 M.

El **FRAILECILLO BATE LAS ALAS** hasta **400** VECES POR MINUTO.

El **alcatraz común** se **SUMERGE** en el agua a **96 KM/H.**

El **PIQUERO PATIAZUL** **pone 2 o 3 huevos.** Suele sobrevivir solo el primero que eclosiona.

En una **COLONIA** de **PIQUEROS** puede haber **200 AVES.**

El **POLLUELO** del **píquero patíazul** nace con las **PATAS** blancas. Se le **VUELVEN AZULES** PASADOS **6 meses.**

Las **GAVIOTAS** tienen **1** PEQUEÑA **GARRA** a mitad de cada pata, que usan para posarse en los salientes sin caerse.

Hay **PÁGALOS** en las **COSTAS** de los **7** **CONTINENTES.**

Existen casi **60 especíes** de **GAVIOTAS.**

El **PIQUERO PATIRROJO RECORRE** hasta **150 KM** EN BUSCA DE ALIMENTO.

Majestuosos
ALBATROS

Estas magníficas aves marinas son famosas por planear por los cielos. Pueden estar en el aire durante horas sin batir sus larguísimas y estrechas alas. Solo suelen tocar tierra para reproducirse. Son más gráciles en el aire, ¡y a veces caen hacia delante cuando aterrizan!

El **albatros viajero** es la **MAYOR AVE MARINA** del mundo, con una **ENVERGADURA** de hasta

3,6 m.

Los **POLLUELOS** del **ALBATROS VIAJERO** están **10 meses** en el **NIDO** hasta que pueden **VOLAR**, más que ninguna otra ave.

El **albatros viajero** TIENE **1 nuevo polluelo** cada **2 años**.

El **ALBATROS DE PATAS NEGRAS** puede **DETECTAR UN OLOR** a **30 KM** de distancia, probablemente más que ninguna otra ave.

Tras **ABANDONAR EL NIDO**, el **ALBATROS** pasa **5–10 años EN EL MAR.**

Una hembra de **albatros de Laysan** llamada **WISDOM** es el ave **DE MÁS EDAD** en estado salvaje. Se la vio en **2021** y **tenía 70 años**.

El **albatros viajero VUELA** unos **120 000 KM CADA AÑO.**

El **ALBATROS** solo tiene **1 pareja** en su vida, salvo que esta muera.

Existen **22 especíes** de **ALBATROS.**

La **DANZA DE APAREAMIENTO** del **ALBATROS DE LAYSAN** se compone de **24 pasos.**

Hasta que no la haya aprendido, el ave no puede encontrar una pareja.

El **albatros de cabeza grís ES MÁS VELOZ VOLANDO QUE UN GUEPARDO EN PLENO ESPRINT.** Alcanza una velocidad de hasta **127 KM/H.**

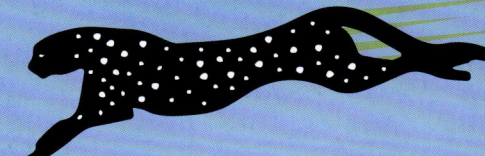

El **ALBATROS** solo se **ZAMBULLE** hasta **1 m** bajo la superficie del agua.

El **ALBATROS** tiene **2 tubos** en los lados del pico. Son unas **LARGAS FOSAS NASALES** para **ELIMINAR LA SAL** del agua del mar.

El **ALBATROS DE ÁMSTERDAM** está en **GRAVE PELIGRO DE EXTINCIÓN.** Solo quedan unas **170 aves** en una isla del océano Índico.

En la isla hawaiana de Oahu, el **31%** de las **PAREJAS** de **ALBATROS DE LAYSAN** se componen de **DOS HEMBRAS.**

Un **ALBATROS** dio la **VUELTA AL MUNDO** en **46 días.**

TOP 10
LAS AVES QUE MIGRAN MÁS

CHARRÁN ÁRTICO • *Sterna paradisaea* •
70 900 KM • Del Ártico a la Antártida

1

El charrán ártico vuela del Polo Norte al Polo Sur después de cada temporada de cría. Un charrán ártico puede volar más de 2,4 millones de kilómetros en 30 años de vida.

2 **PARDELA SOMBRÍA** • *Ardenna grisea* • **64 000 KM** • De Nueva Zelanda, la Antártida o América del Sur a América del Norte o África

Se reproduce en Nueva Zelanda y las islas Malvinas antes de volar hacia el norte en invierno, normalmente en solitario.

3 **PARDELA DE TASMANIA** • *Puffinus tenuirostris* • **43 000 KM** • De Australia a Rusia

Esta ave marina pasa el verano en las costas de Australia y Tasmania antes de volar al norte de Rusia en invierno.

4 **AGUJA COLIPINTA** • *Limosa lapponica* • **29 000 KM** • De Escandinavia y Alaska a África o Australasia

La aguja colipinta realiza el vuelo sin escalas más largo durante su migración anual: hasta 11 680 km sin detenerse a comer.

4 **CORRELIMOS PECTORAL** • *Calidris melanotos* • **29 000 KM** • De Siberia y Canadá a Oceanía o América del Sur

Esta limícola pasa el verano en el norte de Rusia, Alaska y el norte de Canadá antes de dirigirse a Oceanía o Sudamérica.

4 **COLLALBA GRIS** • *Oenanthe oenanthe* • **29 000 KM** • De Asia, Europa, Groenlandia y Alaska a África

La collalba abandona su lugar de cría arriesgándose a un largo vuelo sobre los desiertos para dirigirse al África subsahariana.

7 **COLLALBA PÍA** • *Oenanthe pleschanka* • **18 000 KM** • De Europa y China a la India o África

Este pequeño pájaro cantor insectívoro migra, inusualmente, de este a oeste, llegando a la India o África para pasar el invierno.

8 **CORRELIMOS GORDO** • *Calidris canutus* • **14 000 KM** • Del Ártico a América del Sur

Tras reproducirse en las costas del Ártico, el correlimos gordo emprende el viaje de regreso al extremo sur de Sudamérica.

9 **PINGÜINO DE ADELIA** • *Pygoscelis adeliae* • **13 000 KM** • Antártida

Este pingüino de tamaño mediano sigue la formación del hielo a medida que el mar se congela para tener el agua siempre cerca.

10 **GOLONDRINA** • *Hirundo rustica* • **11 660 KM** • De Europa al sur de África

Tras criar en nidos en graneros y tejados, las golondrinas emprenden un viaje de seis semanas desde Europa hasta Sudáfrica para pasar el invierno.

Aves
CANTORAS

Las cantoras se conocen también como aves paseriformes. Los cuervos, las alondras y los gorriones son todos paseriformes. Se trata de aves que se posan. Sus dedos se cierran alrededor de una rama, creando un agarre firme, ¡incluso cuando están dormidos!

El **mosquero fíbí** suele tener **1 sola pareja,** pero **ALGUNOS MACHOS TIENEN 2** y vuelan entre los **2 nídos** para cuidar de sus polluelos.

El **AVE SILVESTRE MÁS NUMEROSA** es el **QUELEA COMÚN,** con más de **15 000 MILLONES** de adultos.

Las **AVES CANTORAS,** o **PASERIFORMES,** son muy abundantes, con casi **6000 ESPECIES.**

Los **tíránídos** son la **FAMILIA DE AVES MÁS GRANDE.** Comprende más de **400 ESPECIES.**

El **60%** de **TODAS LAS ESPECIES DE AVES** son **PASERIFORMES.**

Entre **1975** y **1978, tres gorríones comunes** VIVIERON A **640 m BAJO TIERRA** en Frickley Colliery, en Inglaterra.

El **CUITLACOCHE ROJIZO** es la única ave cantora capaz de hacer **4 SONIDOS DISTINTOS A LA VEZ.**

El **díamante de Gould** nace calvo y no comienzan a **SALIRLE** sus increíbles **PLUMAS DE COLORES** hasta unos **12 días** DESPUÉS.

El reclamo de la **TARABILLA COMÚN** suena como el ruido de **GOLPEAR 2 PIEDRAS.**

Existen alrededor de **90 especíes** de **alondras** en todo el mundo.

La **ESTRILDA CARINARANJA** hace **2 NIDOS.** Uno es falso y está colocado encima del de verdad para que engañe a los depredadores.

El **CUERVO** es capaz de **IMITAR** más de **100 PALABRAS** y hasta **50 FRASES COMPLETAS.**

El **petirrojo** MÁS VIEJO conocido vivió **19 años.**

LA MAYORÍA DE LOS PASERIFORMES miden entre **12,5** y **20 cm** de longitud, pero **UN AVE DEL PARAÍSO,** el **PICO CORVO NEGRO**, alcanza **1,1 m.**

Algunas parejas de **AVES CANTORAS** HACEN DÚOS. La **HEMBRA PUEDE TARDAR** solo **0,135 SEGUNDOS EN RESPONDER** al macho.

Las **aves paseriformes** tienen **4 dedos** en cada pata: **3 HACIA DELANTE** y **1 HACIA ATRÁS.**

La **COLA** de un **paseríforme** suele tener **12 plumas.**

123

MAMÍFEROS

Magníficos
MARSUPIALES

Hay más de 250 especies de marsupiales. Son mamíferos que dan a luz crías no desarrolladas. Estas permanecen pegadas a los pezones de su madre y viven de su leche, la mayoría protegidas dentro del marsupio materno.

El **RÉCORD** del **MARSUPIAL MÁS VELOZ** lo tiene una **hembra de canguro grís** que alcanzó los

64 KM/H

de velocidad.

El CANGURO ROJO es el MARSUPIAL MÁS GRANDE. Salta más de 7,6 m.

AL **KOALA** LE ENCANTA DORMITAR. Por la **NOCHE**, se alimenta de hojas durante **CUATRO HORAS**. Luego se pasa unas

18 horas

DURMIENDO.

El **wómbat** vive bajo tierra. **SU MADRIGUERA** puede tener

200 m

DE TÚNELES.

El marsupial **MÁS DIMINUTO** es el **RATÓN MARSUPIAL DE TIM EALEY.**

Mide **5 cm** y pesa **9,4 G.**

El **RATÓN MARSUPIAL DE CARA RAYADA** tiene la **GESTACIÓN MÁS BREVE** de los mamíferos. Las crías nacen tras solo

11 días.

El **MARSUPIAL MÁS PEQUEÑO** al nacer es el **FALANGERO MIELERO.** Pesa menos de

0,005 G,

más o menos **LO MISMO QUE UN GRANO DE ARROZ.**

El **planeador de panza amarílla** tiene una **MEMBRANA** entre las muñecas y los tobillos. **PLANEA ENTRE LOS ÁRBOLES** hasta **115 m.**

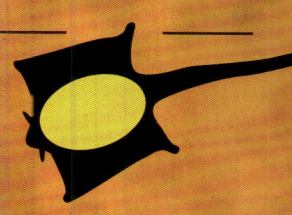

Aunque **COME** sobre todo **TERMITAS**, que sorbe con su **PEGAJOSA LENGUA**, el **NUMBAT** tiene **52 dientes. ES EL MARSUPIAL QUE MÁS TIENE.**

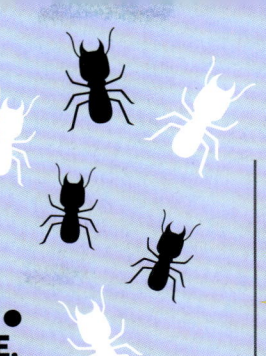

No intentes boxear nunca con un canguro. El **CANGURO ROJO** puede pegar un **puñetazo** con una fuerza de **344 KG.**

Una cría de **CANGURO ROJO** recién nacido es **90000 VECES MÁS LIVIANO QUE UN ADULTO DESARROLLADO.**

El marsupial **CARNÍVORO MÁS GRANDE** es el **DIABLO DE TASMANIA.** Tiene una **FUERTE MORDEDURA** y abre sus mandíbulas **80°.**

El **FALANGERO DE LEADBEATER** se creía **EXTINTO.** Se había visto **POR ÚLTIMA VEZ** en 1961, pero **REAPARECIÓ 52 AÑOS DESPUÉS.**

La **zarigüeya pígmea de montaña** se **DESCUBRIÓ** en **1966.** Los científicos la habían conocido antes solo como un **fósil de 10000 años** de antigüedad.

Armadillos, perezosos y osos
HORMIGUEROS

Puede que armadillos, perezosos y osos hormigueros no se parezcan, pero están emparentados. Pertenecen al superorden de los xenartros, que en griego significa «articulaciones insólitas». Su espina dorsal tiene articulaciones adicionales que refuerzan sus caderas. Esto hace que los osos hormigueros y los armadillos sean excavadores más eficientes cuando buscan comida.

Solo hay **1 MAMÍFERO CON CAPARAZÓN:** el **armadillo.**

El **ARMADILLO GIGANTE** alcanza hasta **1,5 m** de largo y pesa hasta **30 KG.**

Solo **2 especies** de armadillo se **ENROSCAN EN UNA BOLA.** Ambas son **ARMADILLOS DE 3 BANDAS.**

El **armadillo gigante** tiene unos **100 dientes,** más que ningún otro mamífero.

El **ARMADILLO DE NUEVE BANDAS** a menudo tiene **CUATRILLIZOS IDÉNTICOS.** Las **4 crías** siempre son **TODAS MACHOS O TODAS HEMBRAS.**

El **ARMADILLO GIGANTE** es el animal con las **GARRAS MÁS GRANDES.** Pueden medir hasta **20,3 cm.**

El diminuto **PICHICIEGO MENOR** mide **11,5 cm** de largo y pesa unos **120 g.**

El **caimansote** puede usar sus **GARRAS EN FORMA DE GANCHO** para estar **COLGADO DE UNA RAMA 18 horas.**

El **perezoso** tarda hasta **1 mes** en **DIGERIR UNA HOJA.**

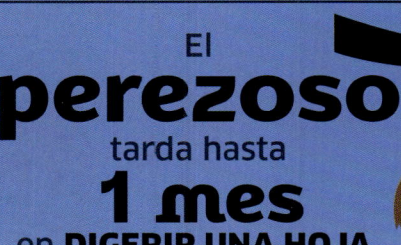

El **perezoso** es el **MAMÍFERO MÁS LENTO,** con una velocidad máxima de solo **0,24 km/h.**

El **PEREZOSO** es capaz de **ESTAR SIN RESPIRAR** hasta **40 MINUTOS.**

El **PEREZOSO MÁS RARO** es el **perezoso pígmeo.** Unos **300** viven en una pequeña isla cerca de Panamá.

Un **OSO hormiguero gigante COME** en un día hasta **30000 HORMIGAS Y TERMITAS.**

El **OSO hormiguero** tiene un **EXCELENTE OLFATO.** Unas **40 veces MEJOR QUE EL NUESTRO.**

El **OSO HORMIGUERO GIGANTE** tiene la **LENGUA MÁS LARGA** de todos los mamíferos, con **1,83 m.**

Se creía que el **HORMIGUERO PIGMEO,** que pesa menos de **455 g,** era una **SOLA ESPECIE.** Pero en realidad hay **POR LO MENOS 7 ESPECIES DISTINTAS.**

Erizos, topos y
TENRECS

Los erizos y los topos son principalmente insectívoros, es decir, que se alimentan de gusanos, babosas y larvas. Los erizos y los tenrecs son cazadores nocturnos con púas, pero solo tienen un parentesco lejano: ¡los tenrecs están más emparentados con los elefantes que con los erizos!

El **ERIZO COMÚN** está **PROTEGIDO** por unas **5000 púas** que miden unos **2,5 cm.**

El **TOPO DE NARIZ ESTRELLADA** tiene un **OLFATO SUPERSENSIBLE** con **25000 SENSORES TÁCTILES.**

El **tenrec erizo chico** es una de las especies **MÁS LONGEVAS.** Uno del zoo de Ámsterdam vivió hasta alcanzar la edad de **16 años.**

El **ERIZO COMÚN HIBERNA** durante **5 meses. EN VERANO,** se pasa hasta **18 horas dormido.**

Z Z Z Z Z Z Z

El **TOPO DORADO DE GRANT** EXCAVA UNA MADRIGUERA DE **50 CM** EN **LA ARENA DEL DESIERTO** para mantenerse fresco.

El **MAYOR NÚMERO DE CRÍAS** nacidas de un mamífero es de **31,** que dio a luz un **tenrec común** en el zoo Wassenaar, en los Países Bajos, en **1972.**

En su hocico, el **TOPO DE NARIZ ESTRELLADA** tiene **22 tentáculos** para **LOCALIZAR LAS PRESAS.**

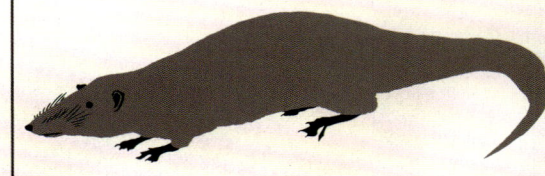

Los **ROMANOS CRÍABAN ERIZOS** hace más de **2300 años** por su carne y sus púas.

El mamífero que **COME MÁS RÁPIDO** es el **TOPO DE NARIZ ESTRELLADA, ENGULLE** su presa en **120 ms.**

El **tenrec** MÁS GRANDE vive en el agua. La **MUSARAÑA NUTRIA** de la República Democrática del Congo mide hasta **64 cm.**

La hembra del **TENREC RAYADO** de Madagascar ya puede **CRIAR** cuando tiene **3-5 semanas.**

Los **ERIZOS** tienen patas cortas, pero **DE NOCHE** se **DESPLAZAN** unos **3 KM** en busca de alimento.

El **erizo** es **muy solitario. DEJA A SU MADRE** a los **28-50 días.**

El **ERIZO** se hace **UN OVILLO** si se ve amenazado, pero también puede **HUÍR** a **9,5 KM/H** durante un tiempo breve.

Fascinantes
ELEFANTES

El elefante, el mayor animal terrestre vivo, es un mamífero herbívoro de grandes orejas, largos colmillos de marfil para defenderse y una trompa flexible que emplea para agarrar la comida. Hay tres especies de elefante: el de la sabana africana, el de la selva africana y el asiático. Todos viven en manadas lideradas por una hembra llamada matriarca.

Los **ELEFANTES SON BUENOS NADADORES** y se ha visto algunos nadar hasta

48 KM

en un tiempo de **6 horas.**

Ya al nacer, la **cría de elefante** es todo un **PESO PESADO,** con un promedio de

91 KG,

LO MISMO QUE PESA UNA PERSONA ADULTA.

Los **ELEFANTES RECORREN**

145 KM

EN UN DÍA PARA BUSCAR ALIMENTO.

El **ELEFANTE ASIÁTICO VIVE HASTA 86 años.**

La **TROMPA DE ELEFANTE MÁS LARGA REGISTRADA** era la de un **ELEFANTE** que vivió en el Congo hace **120 años.** Media

3,49 m.

Un **ELEFANTE AFRICANO ADULTO COME** unos

140 KG

de alimento **TODOS LOS DÍAS,** lo mismo que **PESAN** unas

1200

HAMBURGUESAS.

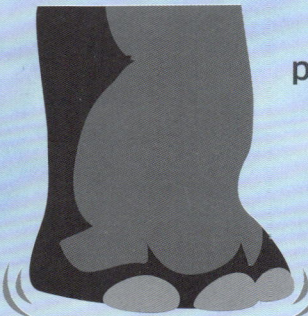

Un **elefante** puede **NOTAR CON SUS PATAS LAS VIBRACIONES** de rebaños a

32 KM

de distancia.

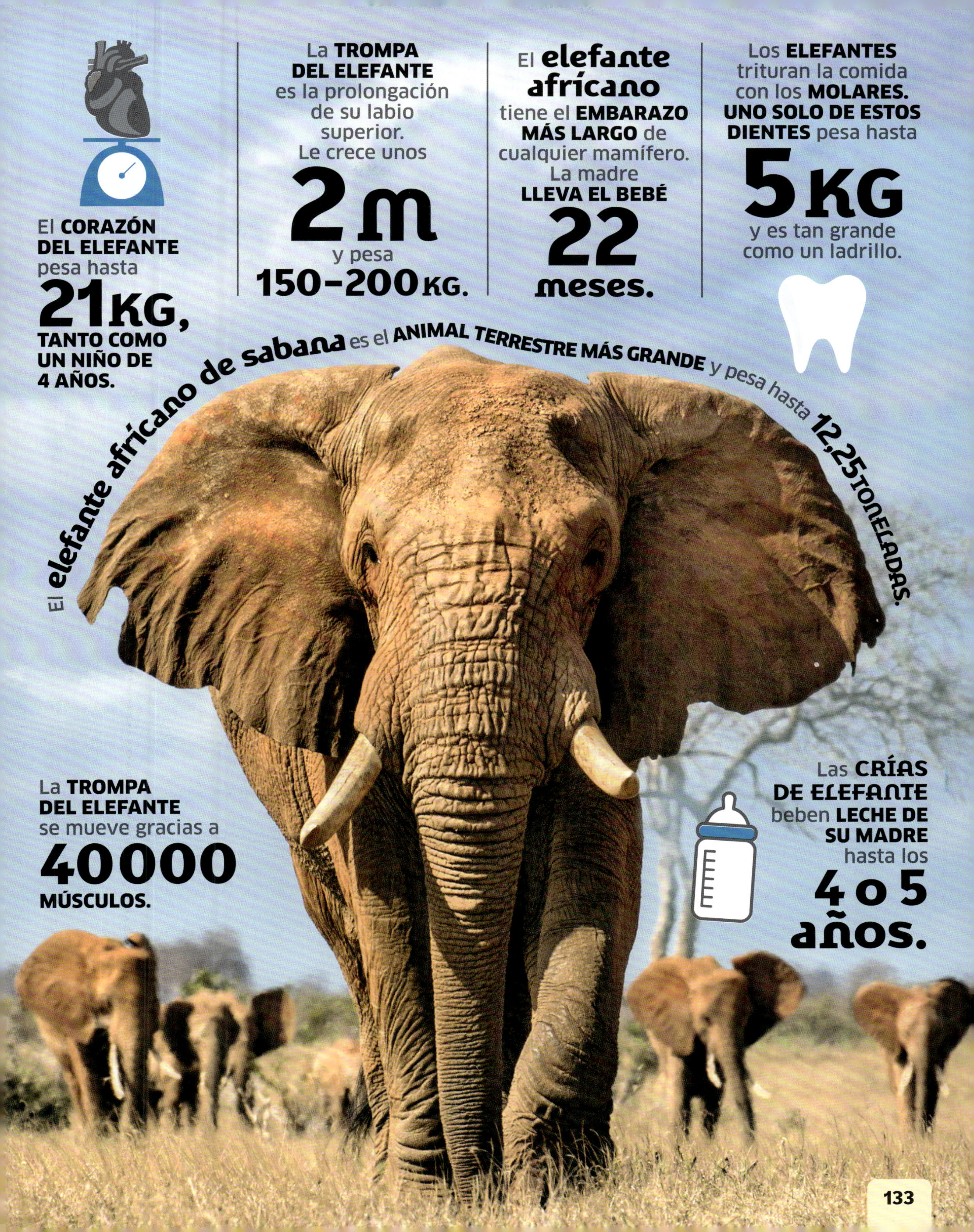

El **CORAZÓN DEL ELEFANTE** pesa hasta **21 KG,** TANTO COMO UN NIÑO DE 4 AÑOS.

La **TROMPA DEL ELEFANTE** es la prolongación de su labio superior. Le crece unos **2 m** y pesa **150-200 KG.**

El *elefante africano* tiene el **EMBARAZO MÁS LARGO** de cualquier mamífero. La madre **LLEVA EL BEBÉ 22 meses.**

Los **ELEFANTES** trituran la comida con los **MOLARES. UNO SOLO DE ESTOS DIENTES** pesa hasta **5 KG** y es tan grande como un ladrillo.

El *elefante africano de sabana* es el **ANIMAL TERRESTRE MÁS GRANDE** y pesa hasta **12,25 TONELADAS.**

La **TROMPA DEL ELEFANTE** se mueve gracias a **40 000 MÚSCULOS.**

Las **CRÍAS DE ELEFANTE** beben **LECHE DE SU MADRE** hasta los **4 o 5 años.**

TOP 10
LOS MAMÍFEROS MÁS GRANDES

BALLENA AZUL • *Balaenoptera musculus* • Todos los océanos del mundo • Peso medio del adulto: **160 TONELADAS**

1

La ballena azul no solo es el mamífero actual más grande del planeta, sino el animal más grande que jamás haya vivido en la Tierra, mayor que cualquier dinosaurio.

2 **ELEFANTE AFRICANO DE SABANA** • *Loxodonta Africana* • África • Peso medio del adulto: **6,4 TONELADAS**

El elefante más grande es también el mayor mamífero terrestre. Tiene un gran apetito, ya que come 160 kg de vegetación al día.

3 **ORCA** • *Orcinus orca* • Todos los océanos del mundo • Peso medio del adulto: **5,4 TONELADAS**

También conocidas como ballenas asesinas, son los delfínidos más grandes. Son el único depredador natural de la ballena azul.

4 **HIPOPÓTAMO** • *Hippopotamus amphibius* • África • Peso medio del adulto: **4,2 TONELADAS**

El hipopótamo ostenta el récord del animal terrestre con la boca más grande. Puede abrir sus mandíbulas casi 180°.

5 **RINOCERONTE BLANCO** • *Ceratotherium simum* • África central y meridional • Peso medio del adulto: **3,8 TONELADAS**

Suele ser más grande que el rinoceronte negro y tiene el labio cuadrado. El de este último es ganchudo o puntiagudo.

6 **ELEFANTE MARINO MERIDIONAL** • *Mirounga leonina* • Aguas antárticas y subantárticas • Peso medio del adulto: **3,6 TONELADAS**

Los elefantes marinos deben su nombre a su hocico en forma de trompa. Pueden contener la respiración durante dos horas.

7 **JIRAFA MASÁI** • *Giraffa tippelskirchi* • África central y meridional • Peso medio del adulto: **1,6 TONELADAS**

La jirafa es el animal terrestre vivo más alto. Suele tener una altura de 5,5 m, pero un macho alcanzó los 5,8 m.

8 **GAUR** • *Bos gaurus* • India y Asia • Peso medio del adulto: **1,1 TONELADAS**

El gaur es la especie más grande y alta de ganado salvaje. Puede alcanzar los 2,2 m de altura.

9 **MORSA** • *Odobenus rosmarus* • Océanos Atlántico y Pacífico • Peso medio del adulto: **1 TONELADA**

Existen dos subespecies de morsa: la morsa del Pacífico y la morsa del Atlántico, ligeramente más pequeña.

10 **OSO POLAR** • *Ursus maritimus* • Círculo Polar Ártico • Peso medio del adulto: **0,8 TONELADAS**

Aunque hay alguna controversia, se suele aceptar que el oso polar es el mayor carnívoro terrestre.

CONEJOS, LIEBRES Y PICAS

Todos estos mamíferos pertenecen al orden de los lagomorfos. Los conejos y las liebres tienen un aspecto similar y pueden confundirse. Las picas, sin embargo, son pequeñas y a menudo se confunden con roedores.

Hay **30 especíes de líebres,** **28 DE CONEJOS** y **29 DE PICAS.**

Las **orejas** del **conejo belíer** pueden medir **70 cm** de longitud.

El conejo **EXTINCTO** *Nuralagus rex* fue el **CONEJO MÁS GRANDE** que ha existido. Pesaba **12 KG.**

Casi la **½** de las **ESPECIES DE CONEJO** están en **PELIGRO DE EXTINCIÓN.**

24 conejos fueron **LIBERADOS ACCIDENTALMENTE** en el Parque Barwon, Australia, en **1859.** En **1951**, la **POBLACIÓN** llegó a los **6 MILLONES.**

El **CONEJO PIGMEO** es el conejo **MÁS PEQUEÑO.** Mide solo **20 cm** y pesa **400 G.**

Las **pícas** viven en zonas montañosas y **PODEMOS VERLAS** a más de **6000 m** **SOBRE EL NIVEL DEL MAR,** en el Himalaya.

Quedan menos de **7000 CONEJOS DE LOS VOLCANES** en estado salvaje. Viven en las laderas de volcanes cercanos a Ciudad de México.

Las liebres tienen unas patas traseras muy fuertes. La **liebre de cola negra** puede **SALTAR** más de **3 m.**

Las **LIEBRES** pueden **CORRER** a 80 KM/H.

La **LIEBRE AMERICANA** es **MARRÓN EN VERANO Y BLANCA EN INVIERNO** para camuflarse. El **CAMBIO TARDA 10 SEMANAS.**

Un **CONEJO** tiene **100 millones** de **RECEPTORES** del **OLFATO** en la nariz. Las **PERSONAS** tenemos solo **6 MILLONES** de receptores.

Un **CONEJO OYE** sonidos desde **3 KM** de distancia y puede **GIRAR LAS OREJAS 270°.**

El **VIAJE MÁS LARGO REGISTRADO EN UN LAGOMORFO** lo hizo una **LIEBRE ÁRTICA** de Canadá: **388 KM** en **49** DÍAS.

A las **PICAS** les **CUESTA SOBREVIVIR A MENOS DE −5°C** o **MÁS DE 25°C.**

Incisivos
ROEDORES

Los roedores son el 40% de todos los mamíferos, con unas 2000 especies entre ratones, ratas, ardillas, jerbos y castores. Tienen unos dientes incisivos especiales que se afilan solos para poder roer la madera y la cáscara de los frutos secos.

El **ROEDOR MÁS GRANDE** es el **CAPIBARA** de los pantanos de Sudamérica. Con sus **1,3 m,** tiene el tamaño de un cerdo.

El roedor **MÁS LONGEVO** es la **RATA TOPO DESNUDA** del este de África, que vive hasta **28 años.**

El **SUSLIC ÁRTICO** puede **HIBERNAR** hasta **9 meses** en la época más fría del invierno.

La ardilla más grande, con **1 m** de longitud, es la **ARDILLA MALABAR, 7 veces MÁS GRANDE QUE LA MÁS PEQUEÑA**, la **ARDILLA PIGMEO AFRICANA**, que mide **13,5 cm.**

La **ARDILLA VOLADORA** tiene los brazos y las patas unidos por una **MEMBRANA DE PIEL** que le permite **PLANEAR** hasta **450 m** entre los árboles.

UNA SOLA RATA puede dejar **25000 excrementos** en **UN AÑO.**

La **RATA TOPO PLATEADA** es el **ROEDOR CON MÁS DIENTES.** Además de tener **4 incisivos,** tiene **24 dientes PARA MOLER:** un total de **28.**

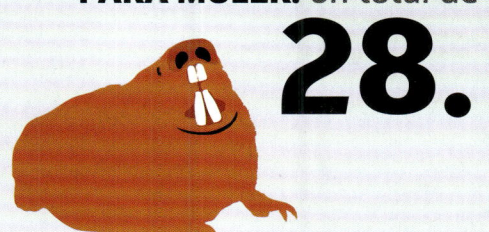

El **ROEDOR MÁS PEQUEÑO** es el **JERBO PIGMEO DE BALUCHISTÁN,** de Pakistán. Mide solo **3,6cm** de longitud, menos que tu pulgar.

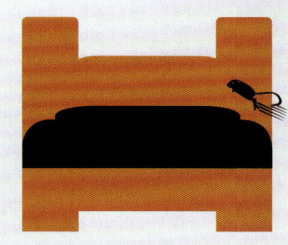

La **RATA CANGURO** puede **SALTAR** hasta **2m, COMO UNA CAMA DE MATRIMONIO.**

La hembra del **LEMMING DE NORUEGA** puede quedar **EMBARAZADA** a la edad de **14 días.**

Como mecanismo de defensa, el **PUERCOESPÍN** tiene unas **30 000 púas** de hasta **35 cm.**

Una **ARDILLA** puede **OLFATEAR UNA NUEZ** cubierta por **30 cm** de nieve.

PERRITOS DE LAS PRADERAS viven en **GRANDES GRUPOS** y forman **COLONIAS** con otros grupos en una zona de hasta **65 HECTÁREAS.**

El **RATÓN DOMÉSTICO** puede tener **10 camadas** en **UN AÑO,** con un promedio de **6 CRÍAS** en cada una. Es decir, **¡60 crías** al año!

El **JERBO DE EGIPTO** puede **SALTAR** en el aire **10 veces LA ALTURA DE SU CADERA.**

Gálagos, lémures y
TARSEROS

Los gálagos, los tarseros y los lémures son primates primitivos emparentados con los monos y los simios. Los gálagos y los tarseros son primates nocturnos que viven en los árboles y tienen ojos grandes para ver en la oscuridad. Los lémures son animales en general sociables que viven en grupos liderados por hembras.

El **aye-aye GOLPEA** la madera con el dedo corazón **8 veces por segundo** para buscar **INSECTOS**.

Los **tarseros** pueden **GIRAR LA CABEZA** casi **180°** **A AMBOS LADOS**.

LA MANO Y LOS DEDOS DEL AYE-AYE son el **41%** de la longitud de sus **ANTEBRAZOS**.

Los **gálagos**, emplean sus **INCISIVOS** para rascar la corteza de los árboles y **SORBER LA GOMA Y LA SAVIA** de debajo hasta **1000 VECES EN UNA SOLA NOCHE**.

El **prímate más pequeño** es el **LÉMUR RATÓN DE BERTH**. Solo pesa **30,6 G**, tan ligero como un lápiz.

En **MADAGASCAR** viven **100 especíes de lémures**.

Los **lémures** y los **tarseros** son los **PRIMATES MÁS ANTIGUOS**. Aparecieron hace unos **55 míllones de años**.

La cría del tarsero nace con los **OJOS ABIERTOS** y **TREPA A UN ÁRBOL** a las **24 horas** de nacer.

Los **tarseros** se llaman así por los **LARGOS HUESOS DEL TARSO** de sus pies. Sus patas y pies son **2 veces más largos** QUE SU CUERPO.

Los **tarseros** se comunican con unos **GRITOS** tan **AGUDOS**, de hasta **70 KHZ**, que no podemos oírlos.

El **LÉMUR DE COLA ANILLADA** es **SOCIABLE** y se agrupa con otros **25** animales.

Los **TARSEROS** son los mamíferos de **ojos más grandes** EN RELACIÓN CON SU CUERPO: **16 mm** de diámetro, respecto a un cuerpo de **16 cm**.

El **AYE-AYE** tiene un **6°** dedo en cada mano, una especie de pulgar.

Un **PEQUEÑO TARSERO SALTA 40 veces** SU TAMAÑO CORPORAL, unos **5,4 M.**

El **índrí de cola corta** es el **LÉMUR MÁS GRANDE.** Crece hasta los **72 cm**, la **ALTURA DE UN NIÑO DE 10 MESES.**

El **GORILA DE MONTAÑA** puede pesar hasta

220 KG,

TANTO COMO TRES PERSONAS.

Al nacer, la **CRÍA DEL GORILA DE MONTAÑA** pesa menos de

2 KG

y **SE CUELGA DEL PELO DE SU MADRE** hasta que cumple **5 MESES.**

Un **gorila** adulto pasa **14 HORAS AL DÍA COMIENDO** unos

25 KG

de vegetales.

Los **CHIMPANCÉS** pueden emitir hasta

30

RECLAMOS DISTINTOS para comunicarse entre ellos.

Si no se adoptan medidas, **LAS 3 ESPECIES DE Orangutanes** se **EXTINGUIRÁN** en unos **10 años.**

Habilidosos
SIMIOS

La familia de los simios incluye gorilas, chimpancés, orangutanes, gibones, bonobos... y humanos. Incluso compartimos los mismos tipos de sangre, aunque los humanos solemos vivir el doble que el resto de los simios. Estos magníficos mamíferos viven en los bosques de África y el sudeste asiático.

El **GIBÓN DE MANOS BLANCAS** vive en grupos familiares de **2 adultos CON SUS CRÍAS.** Los adultos **CANTAN A DÚO** para estrechar la relación.

El **bonobo** vive en comunidades de **30–80 símios.**
CAZAN EN PEQUEÑOS GRUPOS durante el día y vuelven a reunirse al anochecer.

Los **gibones SALTAN DE UN ÁRBOL A OTRO** a **56 KM/H.**

Ningún otro animal tiene un **TÍMPANO** más grande que el del **gorila.** Mide **97 mm².**

Al macho del **ORANGUTÁN** le gusta vivir solo. **SUS RECLAMOS** pueden oírse hasta a **1,9 KM** de distancia.

Un **GIBÓN PUEDE CRUZAR** una zanja de **15 m** de un salto.

El **ORANGUTÁN** es el animal más grande entre los que **VIVEN EN LOS ÁRBOLES.** Pasa el **90 %** DE SU TIEMPO DE VIGILIA en ellos.

Los **BONOBOS** y los **CHIMPANCÉS** son nuestros **PARIENTES MÁS CERCANOS,** ya que compartimos con ellos el **98,7%** DEL ADN.

Los **CHIMPANCÉS** viven juntos en grupos de hasta **120 EJEMPLARES.**

El **GORILA MÁS GRANDE** es el **gorila de montaña.** Quedan menos de **1100** ejemplares **EN ESTADO SALVAJE.**

El **mono aullador** es el **MENOS ACTIVO** de todos y se pasa el **80%** del **DÍA DESCANSANDO.**

ZZZᶻᶻ ᶻᶻᶻZZ

El **MONO PATAS CORRE** por el suelo hasta a **55 KM/H,** lo que hace de él **EL MONO MÁS VELOZ.**

Un **BABUINO** puede **VIVIR** hasta **40 años.**

El **FUERTE RECLAMO DEL MONO AULLADOR** se oye desde unos **5 KM** de distancia.

Hay **5** ESPECIES DISTINTAS de **monos ardilla.**

Al **MONO NARIGUDO** le gusta bañarse, y puede **LANZARSE AL AGUA** desde una altura de **15 m.**

El **MONO NARIGUDO** usa su **NARIZ** para atraer a las hembras. Puede tener unos **18 CM.**

El **colobo** VIVE **EN GRUPOS** de **8–15** individuos. Es **NATIVO** de **más de 15** PAÍSES AFRICANOS.

monos

Es fácil confundir los monos y los simios, pero hay formas de diferenciarlos. Los monos suelen ser más pequeños que los simios. Estos no tienen cola, pero la mayoría de los monos sí. Los monos del Nuevo Mundo viven en América Central y del Sur, mientras que los del Viejo Mundo viven en África y Asia.

De media, el **TITÍ PIGMEO** pesa **120 G** y tiene una altura de unos **14 CM**, así que es el **MONO MÁS PEQUEÑO DEL MUNDO.**

El **langur de cabeza blanca** debe de ser el **MONO MÁS RARO** del mundo. Quedan menos de **70** ejemplares que viven en Vietnam.

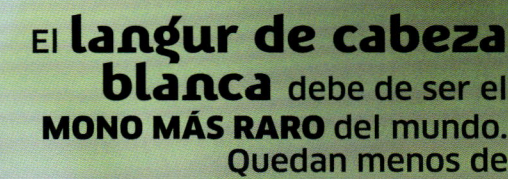

Una colonia de **36 MONOS VERDES** vive cerca del aeropuerto de Fort Lauderdale, Estados Unidos. Descienden de unos **MONOS QUE ESCAPARON** de un **ZOO** en **1948.**

El **MONO ARAÑA** puede alcanzar **66 CM** de longitud, pero su **ENORME COLA** llega a medir hasta **102 CM.**

El **MACHO** del **MANDRIL** es el **MONO MÁS GRANDE. SUELE** pesar unos **25 KG**, pero puede **ALCANZAR** los **54 KG.**

Si se ve amenazado, el **MACHO** del **MANDRIL** abre la boca y muestra sus **LARGOS DIENTES**, que miden casi **7 CM.**

El **SAKI** puede **COMER** hasta **50** variedades distintas de **FRUTA EN UN SOLO DÍA.**

Nocturno y frutícola, el **ZORRO VOLADOR** es el **MURCIÉLAGO MÁS GRANDE.** Mide

45cm

de largo.

Por la tarde, más de

5000

MURCIÉLAGOS salen de las **CAVERNAS DE CARLSBAD,** Estados Unidos, **EN BUSCA DE COMIDA.**

El **MURCIÉLAGO DE COLA LIBRE** MIGRA hasta

1600km

DESDE MÉXICO HASTA TEXAS.

El **murciélago moteado** es el de **OREJAS MÁS LARGAS EN RELACIÓN AL CUERPO:**

5cm

en un cuerpo de

7,7cm.

El **MURCIÉLAGO TRIDENTE CAPTA SONIDOS** muy agudos, de hasta

212 kHz.

Los **HUMANOS** solo **OÍMOS FRECUENCIAS DE HASTA**

28 kHz.

El **ZORRO VOLADOR** es el **MURCIÉLAGO** de **MAYOR ENVERGADURA,** con

1,8m,

TANTO COMO LA ALTURA DE UNA PERSONA ADULTA.

La **ecolocalización** de los **murciélagos** es **MUY PRECISA.** Algunos **PERCIBEN** insectos a **20m...** a oscuras.

MURCIÉLAGOS

Los murciélagos son los únicos mamíferos que vuelan. Sus alas están formadas por láminas de piel entre los dedos y el cuerpo. Muchos son nocturnos y utilizan la ecolocalización para atrapar a sus presas, escuchando el eco de sus agudos chillidos para localizar insectos voladores.

MURCIÉLAGO VAMPIRO BEBE SANGRE,

20 G DE UNA VEZ

MURCIÉLAGO COLORADO

VOLAR LLEVANDO

3 crías.

MURCIÉLAGO MÁS PEQUEÑO
MURCIÉLAGO MOSCARDÓN

4 cm

MURCIÉLAGOS

20%
DE LOS MAMÍFEROS,

1400
ESPECIES.

50-100

MURCIÉLAGO MÁS RARO
COLEURA DE LAS SEYCHELLES.

MAMÍFERO DE VUELO MÁS VELOZ
murciélago de cola libre,

45 m/s.

Zorros, coyotes, chacales y
LOBOS

Lobos, zorros, coyotes y chacales son cánidos salvajes de la misma familia que el perro doméstico. Tienen una gran resistencia, un oído excelente y un magnífico olfato, con el que rastrean animales y reconocen olores. Los lobos y los perros salvajes africanos viven y cazan en manada.

El **PERRO SALVAJE AFRICANO** tiene **CAMADAS** de hasta **19 crías,** aunque **SUELEN SER** entre **7 y 10.**

El **AULLIDO** del **LOBO** se oye a
16 KM
de distancia.

Los **LOBOS** y los **PERROS** tienen
42 dientes,
10 MÁS QUE LOS HUMANOS.

El **ZORRO ártico** vive en el **POLO NORTE**, con temperaturas de hasta **−70 °C**

Para **ENFRIARSE** tras una persecución en el desierto, el **FÉNEC** puede **JADEAR**
690 veces
POR MINUTO.

El miembro **MÁS GRANDE** de la familia de los perros es el **LOBO**, que mide hasta
1,6 m de longitud
y puede pesar hasta
80 KG.

El **COYOTE** puede **ESPRINTAR** a
65 KM/H.

Los **LOBOS** viven en grandes **MANADAS** de hasta **36 animales.**

El **LOBO** vive en **ÁREAS** de hasta
2000 KM².

El **LICAÓN** es el único cánido que solo tiene **4 dedos** en las patas delanteras. **EL RESTO TIENEN 5.**

El **CUÓN** es un **PERRO SALVAJE** del sur y el sudeste de Asia que **SALTA 2,1m** en el aire.

El **fénec** es el carnívoro de **OREJAS MÁS LARGAS** respecto a su cuerpo, con **15cm**, casi la **MITAD DE SU ALTURA TOTAL.**

El **FÉNEC** es el cánido salvaje **MÁS PEQUEÑO.** Vive en el desierto del norte de África y mide **40cm** de longitud, como un chihuahua.

El zorro **MÁS GRANDE** es el **ZORRO ROJO** del Norte de África, Eurasia y Norteamérica. Alcanza los **90cm** de longitud.

Un **ZORRO ÁRTICO** fue **SEGUIDO** por radio en **2009.** Recorrió más de **4599km** en el Ártico canadiense durante **163 días.**

149

La **LECHE** de la **OSA POLAR** tiene un **48,4%** **DE GRASA**, tanto como la nata.

Los **pandas** pasan **16 HORAS** al día **COMIENDO 18KG** de **BAMBÚ**.

El **OSO panda** es **MUY PEQUEÑO AL NACER.** Solo **PESA** **85G**, es decir, el **0,13%** **DE LO QUE PESA SU MADRE.**

No superarías al **oso gris.** En distancias cortas puede correr a **48 KM/H.** **¡MÁS VELOZ QUE UN CABALLO!**

OSOS

Los osos son mamíferos grandes y peludos con unas largas garras que no se retraen. Muchos viven solos y comen abundantemente para pasar el invierno en una semihibernación. El oso polar es carnívoro, pero la mayoría de los demás osos son omnívoros y comen carne, verduras y fruta.

El **OSO polar** es el **CARNÍVORO TERRESTRE MÁS GRANDE**. Un macho adulto mide **2,6m** de longitud y pesa **600KG.**

El **oso malayo** puede **ESTIRAR** la **LENGUA 25cm.** Con ella succiona termitas y abejas de los nidos.

El **NADO MÁS LARGO REGISTRADO EN UN OSO POLAR** fue de **686KM** durante **232 horas.**

DURANTE LA HIBERNACIÓN, la temperatura corporal del oso **PUEDE SER 5°C MÁS BAJA** de lo habitual, entre **31–37°C.**

El **OSO MÁS LONGEVO** conocido fue un **OSO PARDO EUROPEO** que vivió hasta los **50** años en una reserva de Grecia.

LAS GARRAS DEL OSO GRIS miden **10cm** de longitud, **MÁS QUE LOS DEDOS DE UNA PERSONA.**

El oso **MÁS PEQUEÑO** es el **oso malayo** del sudeste asiático. **MIDE HASTA 1,5m** de longitud y **PESA 65KG, 9 VECES** más liviano que un oso polar.

El **OSO POLAR** tiene un gran sentido del olfato y **NOTA EL OLOR DE UNA FOCA** a **9KM** de distancia.

El **OSO POLAR** logra sobrevivir al frío del Ártico con una capa de **PIEL Y GRASA** de unos **10cm DE GROSOR.**

Antes de **HIBERNAR,** el **OSO PARDO** puede **COMER 40KG** de alimento al día, lo que equivale a comerse unas **360 HAMBURGUESAS GRANDES.**

Los osos suelen tener la cola corta, pero la **COLA** del **OSO PEREZOSO ASIÁTICO** alcanza los **18cm.**

FOCAS Y MORSAS

Las focas y las morsas, junto con los leones marinos y los osos marinos, pertenecen al grupo de los llamado pinnípedos (en latín, «con aletas») por la forma de sus extremidades. Son grandes nadadores, pero no están siempre en el agua, sino que pasan tiempo en tierra o sobre el hielo.

El **elefante marino septentrional** se **SUMERGE** en el mar hasta **1,5 KM.**

El **PINNÍPEDO MÁS PESADO** es el macho del **ELEFANTE MARINO MERIDIONAL,** que puede alcanzar los **4000 KG.**

Cuando **DEFIENDE SU TERRITORIO** en época de cría, el macho del **león marino** puede estar **SIN COMER** hasta **27 días.**

Una **morsa** puede **COMER 6000 ALMEJAS** de una vez.

LA HEMBRA DEL LOBO MARINO es **3 veces** MÁS LIVIANA que el **MACHO.**

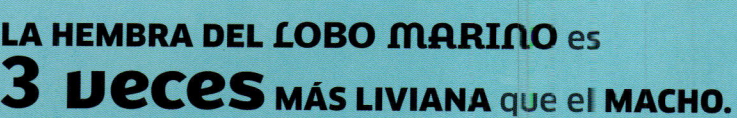

La **foca monje del Mediterráneo** es la **MÁS RARA**. Solo hay **600–700 EN ESTADO SALVAJE.**

La **MORSA** tiene más bigotes que cualquier otro pinnípedo: unos

400-700.

Con

48 cm

de longitud, el **LOBO MARINO ANTÁRTICO** tiene los **BIGOTES MÁS LARGOS** de todos los mamíferos.

El **PINNÍPEDO MÁS PEQUEÑO** es la hembra del **lobo peletero de las Galápagos,** que mide

1,2 m

de longitud.

En tierra, las **morsas** pueden **DORMIR** hasta **19 horas.**

En el agua, las **morsas DORMITAN** hasta **5 minutos.**

La **foca de Weddell** puede estar **BAJO EL AGUA** durante **73 minutos.**

El **LEÓN MARINO** puede **NADAR** a **40 KM/H,** más veloz que ningún otro león marino o foca.

Los **COLMILLOS** de la **MORSA** crecen hasta

1 m

y pesan hasta

5,5 KG.

En **1910**, quedaban **MENOS DE**

100

ELEFANTES MARINOS. ACTUALMENTE, hay unos **150 000.**

Además de los humanos, solo **2 animales CAZAN MORSAS** para comérselas: la **ORCA** y el **OSO POLAR.**

Elegantes
FELINOS

Las 36 especies de felinos son cazadores carnívoros que acechan a sus presas y atacan con garras y dientes afilados y retráctiles. Los grandes felinos, como los leones y los tigres, rugen, mientras que los más pequeños ronronean. Tienen muchos tipos de pelaje, a menudo adornado con rayas o con manchas.

A menudo, los **leopardos SUBEN SU PRESA A UN ÁRBOL.** Se ha visto a alguno llevar a un antílope pequeño a una rama de

15 m DE ALTURA.

El felino **MÁS PEQUEÑO** es el **gato herrumbroso** de India y Sri Lanka. Mide hasta

48 cm sin contar la cola y de media pesa

1,6 KG.

El **GATO ANDINO** vive, como su nombre indica, en los Andes, en América del Sur. Un

50%
de su **DIETA** es un roedor local, la **vízcacha.**

El **leopardo de las nieves** puede **SALTAR** casi

12 m.

Se ha **VISTO** al **leopardo de las nieves** en las montañas de Asia central y meridional a altitudes de **HASTA**

5800 m.

El **tígre síberíano** tiene los **DIENTES** caninos **MÁS LARGOS** de todos los felinos. Pueden alcanzar los

10 cm.

El **RUGIDO** del **león** puede **OÍRSE A 8 KM** de distancia.

El **guepardo** alcanza **64 KM/H** en solo **3 segundos** y puede llegar a **114 KM/H** en **ESPRINTS CORTOS.**

El **TIGRE PUEDE COMER** más de **36 KG** de carne **DE UNA SENTADA,** lo que equivale al peso de **320 hamburguesas grandes.**

El **MACHO** del **TIGRE** pesa **1,7 veces MÁS** que la **HEMBRA.**

Los leones suelen vivir en **MANADAS DE UNOS 15 ANIMALES,** pero pueden reunirse **HASTA 30.**

El **leopardo del Amur** es el **GRAN FELINO MÁS RARO.** Solo **65–69** viven en los bosques que separan China y Rusia.

Un **LEOPARDO DE LAS NIEVES** caza **PRESAS 3 veces MÁS PESADAS QUE ÉL.**

El **puma** se conoce con una gran variedad de nombres: **PUMA, LEÓN DE MONTAÑA O LEÓN AMERICANO, CUGAR, PANTERA.**

El **tigre siberiano** es el felino **MÁS GRANDE.** El macho puede medir **3,3 m** del hocico a la cola y pesa hasta **306 KG.**

TOP 10
LOS MAMÍFEROS MÁS VELOCES

1 **GUEPARDO** · *Acinonyx jubatus* ·
114 KM/H · África, centro de Irán

El animal terrestre más rápido tiene una columna vertebral larga y flexible que le permite dar enormes zancadas, pero solo puede mantener esa velocidad durante una distancia corta.

2 **GACELA PERSA** · *Gazella subgutturosa* ·
97 KM/H · Asia

Este antílope de los desiertos y estribaciones de Asia es el antílope más rápido del mundo.

3 **BERRENDO** · *Antilocapra Americana* ·
88,5 KM/H · América del Norte

El berrendo es el animal terrestre más rápido en largas distancias. Se ha registrado que corre a 56 km/h durante 6,6 km.

4 **GACELA SALTARINA** · *Antidorcas marsupialis* ·
88 KM/H · Sur de África

La gacela saltarina debe su nombre a su costumbre de saltar más de 1 metro en el aire.

4 **CABALLO** · *Equus caballus* ·
88 KM/H · Todo el mundo

Las carreras de caballos se practican desde hace miles de años. Eran habituales en la antigua Grecia, Roma, Babilonia, Siria y Egipto.

6 **GACELA DE THOMSON** · *Eudorcas thomsonii* ·
81 KM/H · Kenia, Tanzania

La gacela más común de África Oriental despliega una velocidad increíble que la ayuda a escapar de los depredadores.

7 **ÑU** · *Connochaetes* ·
80,5 KM/H · Este y sur de África

El ñu es un gran antílope que migra por África oriental y meridional con manadas de cebras y búfalos.

8 **ANTÍLOPE INDIO** · *Antilope cervicapra* ·
80 KM/H · India, Nepal

Cuando detecta un peligro, salta en el aire y echa a correr, seguido enseguida por el resto de la manada.

8 **LEÓN** · *Panthera leo* ·
80 KM/H · África, India

La leona solo puede mantener su velocidad máxima poco tiempo. Por eso se acerca a la presa sigilosamente antes de atacar.

10 **LIEBRE COMÚN** · *Lepus europaeus* ·
70 KM/H · Europa, norte de Asia

A diferencia de los conejos, las liebres no viven ni se esconden en madrigueras, por lo que necesitan escapar de sus depredadores, como los zorros. Solo pueden mantener su velocidad máxima durante unos 20 m.

Castores y NUTRIAS

Ambos son mamíferos que viven tanto en tierra como en el agua. Las nutrias son de la familia de las comadrejas y su cuerpo es largo y flexible, ideal para cazar en ríos y mares. Los castores son grandes roedores con cola en forma de remo. Sus grandes dientes delanteros son naranjas porque están recubiertos de un esmalte rico en hierro.

Algunas **nutrias** PUEDEN MANTENER LA RESPIRACIÓN hasta **4 minutos.**

La **NUTRIA VIVA MÁS GRANDE** es la **NUTRIA GIGANTE** de Sudamérica. Puede alcanzar los **2,4 m.**

LA NUTRIA GIGANTE come **3 KG** de **PESCADO TODOS LOS DÍAS.**

Un **castor** suele **PESAR HASTA 29,5 KG**, pero **SE ENCONTRÓ** un ejemplar que **PESABA 50 KG.**

La **nutria marina** es el **MAMÍFERO MÁS PEQUEÑO** de los que **VIVEN EN EL MAR.** Tiene una longitud de hasta **1,15 m.**

Las **NUTRIAS GIGANTES** hacen **22 SONIDOS DISTINTOS** para comunicarse entre ellas.

El **CASTOR** tiene **2 glándulas odoríferas CERCA DE LA COLA.** Producen castóreo, que **HUELLE A VAINILLA.**

La **nutría marína** es el animal de **PIEL MÁS DENSA,** con hasta **400000 CERDAS POR CENTÍMETRO CUADRADO.**

La **ENORME NUTRIA OSO ETÍOPE,** *Enhydriodon dikikae,* vivió hace más de **5 MILLONES DE AÑOS.** Pesaba alrededor de **200 KG.**

Las **nutrías marínas** enlazan sus brazos y **FORMAN RAFTS** que pueden llegar a **2000** animales.

Los **castores CONSTRUYEN PRESAS** para protegerse. Pueden tener **3 m** de **ALTURA** y **500 m** de **LONGITUD.**

Un **CASTOR** tiene **PÁRPADOS INTERIORES TRANSPARENTES** y puede **ESTAR BAJO EL AGUA 15 mínutos.**

Los **DIENTES DELANTEROS SUPERIORES DEL CASTOR** alcanzan los **25 mm** y los utiliza para **ROER ÁRBOLES.**

La **PRESA DE CASTOR MÁS LARGA** está en Alberta, Canadá. Tiene **850 m** de longitud. La han **CONSTRUIDO A LO LARGO DE DÉCADAS** varias generaciones de castores.

La nutría marína pasa la **mítad del día BUSCANDO ALIMENTO O COMIENDO.**

Existen **13 ESPECIES DE NUTRIAS,** como la **nutría de Sumatra** o la **nutría ínerme del Congo.**

Robustos
RINOCERONTES

Los rinocerontes son animales tan grandes como tímidos, aunque no dudan en atacar si se sienten amenazados. Tienen buen oído, pero mala vista, por eso a veces chocan con rocas o árboles. Su gruesa piel es sensible, y se revuelcan en el barro para protegerse de las quemaduras solares y las picaduras de insectos.

Existen
5 especíes
de **RINOCERONTE**, todas **AMENAZADAS.**

Dan a luz solo
1 cría.

La **PIEL DEL RINOCERONTE** tiene un grosor de
2cm.

Con **3,6 TONELADAS** de peso y
4,2m de longitud, el **rínoceronte blanco** es el **MÁS GRANDE.**

El **RINOCERONTE** tiene
1 o 2 CUERNOS DE QUERATINA, material que forma también nuestro pelo y nuestras uñas.

Algunos **RINOCERONTES** pueden **CORRER** a
45 KM/H.

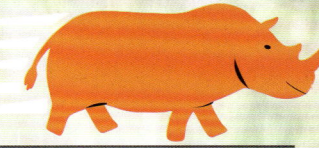

El **RINOCERONTE BLANCO** es casi
4 veces MÁS PESADO que un **RINOCERONTE DE SUMATRA.**

EL CUERNO DEL RINOCERONTE puede alcanzar
1,5m de largo.

El **RINOCERONTE DE JAVA** es el **GRAN MAMÍFERO MÁS RARO.** Solo quedan
76 EN 1 RESERVA NATURAL en Indonesia.

El **RINOCERONTE BLANCO** tiene
2 cuernos. El frontal suele ser el **MÁS LARGO,** y lo usa para **BUSCAR AGUA Y PLANTAS.**

Un **RINOCERONTE EXTINTO,** el *PARACERATHERIUM LINXIAENSE,* era enorme: pesaba hasta
21,7 TONELADAS, MÁS QUE **10 RINOCERONTES ACTUALES.**

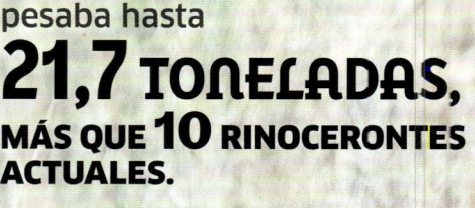

Desde el **SIGLO XX**, el número de **RINOCERONTES SALVAJES** ha caído desde **500 000** hasta **27 000.**

La **HEMBRA DEL RINOCERONTE CUIDA DE SU CRÍA** durante **4 años.**

El embarazo del **RINOCERONTE** dura **450 días,** MÁS QUE EL DE CUALQUIER OTRO ANIMAL.

La **cabeza del rinoceronte blanco** pesa unos **450**KG.

El **RINOCERONTE** tiene **3 dedos** EN CADA PATA.

Grandes
HIPOPÓTAMOS

Solo hay dos especies de hipopótamo, el común y el pigmeo. Estos enormes mamíferos de boca grande están más emparentados con las ballenas que con los cerdos, a los que se parecen. Pasan la mayor parte del tiempo en el agua, ya que no pueden sudar para mantenerse frescos, pero salen a tierra de noche para pastar.

El **HIPOPÓTAMO** tiene la **MORDEDURA MÁS FUERTE DE TODOS LOS MAMÍFEROS,** con una fuerza de **8000 NEWTONS (N).** En comparación, la del **LEÓN** es de 1,770 N.

El **HIPOPÓTAMO MACHO ABRE SUS MANDÍBULAS** hasta **1,2 m.**

Aunque parezca lento, el **hípopótamo CORRE** a **50 KM/H.**

Un **HIPOTÓTAMO VIVE** hasta **50 años.**

El **HIPOPÓTAMO** pesa hasta **3,6 TONELADAS.** Solo los elefantes y los rinocerontes son más pesados.

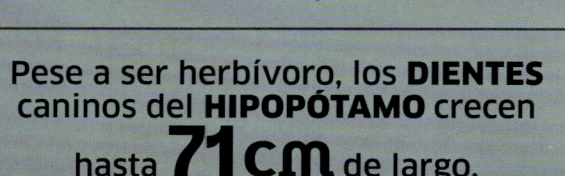

Pese a ser herbívoro, los **DIENTES** caninos del **HIPOPÓTAMO** crecen hasta **71 CM** de largo. Utiliza estos colmillos para luchar.

El hipopótamo **MÁS PEQUEÑO** de todos es el **hípopótamo pígmeo** de África occidental. Mide unos **170 CM** y pesa unos **160–275 KG.**

En **ZAMBIA** está la **MAYOR POBLACIÓN** de **HIPOPÓTAMOS** de África, con unos

40 000.

Un **hipopótamo** puede estar hasta

3 semanas SIN COMER.

En una noche, puede **COMER**

40 KG de **HIERBA**.

El **HIPOPÓTAMO** puede estar **BAJO EL AGUA** más de

5 minutos.

Las **CRÍAS DE HIPOPÓTAMO** nacen **BAJO EL AGUA** tras una **GESTACIÓN** de **240** DÍAS.

Una **cría** PESA **25–50** KG.

Los **HIPOPÓTAMOS** son unos de los animales **MÁS PELIGROSOS.** Cada año **MATAN** unas

500 PERSONAS.

La **PIEL DEL HIPOPÓTAMO** tiene **4 cm** de grosor en el cuello y el lomo.

Los **hipopótamos** pueden **REUNIRSE** en manadas mixtas de más de

100 INDIVIDUOS.

CABALLOS Y CEBRAS

Los caballos y sus parientes son mamíferos ungulados, con un solo dedo en cada pata. Tienen el cuello y las patas largos y pueden correr a mucha velocidad grandes distancias. En libertad, viven en manadas y comen hierba.

Los **caballos** fueron **DOMESTICADOS** hace unos **6000 AÑOS** por cazadores de Asia central. Originalmente se capturaban por su carne y su leche.

Los **CABALLOS** y los **PONIS** se **MIDEN EN MANOS.** Una **MANO EQUIVALE** a **10 cm.**

El **CABALLO DOMESTICADO MÁS LONGEVO** se llamaba **OLD BILLY.** Vivió **62 años,** entre **1760 y 1822.**

El **caballo de Przewalskí** es el único **SALVAJE** conservado. Todos **DESCIENDEN** de solo **13 o 14** caballos del programa de reproducción que los **REINTRODUJO** en **LA NATURALEZA.**

La **cebra de llanura MIGRA** unos **480 km** en un recorrido por África en la dirección de las agujas del reloj.

La **cebra de llanura** es la especie de cebra **MÁS COMÚN,** con unas **500000** que viven en el este y el sur de África.

El **asno salvaje africano RESISTE** más de **49°C** en el desierto de Danakil, Etiopía.

Hay más de **400 RAZAS** de **caballos** domesticados.

La **CEBRA DE GRÉVY**, de África, es la **MÁS GRANDE**, y la **MÁS AMENAZADA**. Solo se conservan

2680

EN ESTADO SALVAJE.

Un **CABALLO** vive **10-30 AÑOS** de **PROMEDIO**.

La raza **más pequeña** es el **caballo miniatura Falabella**, de Argentina. Tiene una altura media de solo **81cm**.

Los **CABALLOS PURASANGRE** son los animales **MÁS CAROS**. El caballo de carreras **FUSAICHI PEGASUS** se valora en **70 MILLONES DE DÓLARES**.

Un **CABALLO** tiene **10 MÚSCULOS** en las **OREJAS** y puede moverlas de forma independiente.

El **RÉCORD DE VELOCIDAD** de un **CABALLO DE CARRERAS** lo batió **WINNING BREW** en 2008, al correr a

70,8 KM/H

EN 1 CUARTO DE MILLA.

Curiosos
RUMIANTES

Las vacas, los antílopes y las ovejas son rumiantes, lo que significa que tienen más de una cámara estomacal que les ayuda a digerir los alimentos. Las vacas y las ovejas son los mamíferos más abundantes y se crían para producir carne, leche y lana.

Las **VACAS** COMEN Y MASTICAN durante **6 HORAS** AL DÍA.

Los **carneros** pueden **luchar** A CABEZAZOS hasta **24 HORAS.**

Las **VACAS** se **DOMESTICARON** hace **10 500 AÑOS,** CUANDO ERAN ANIMALES SALVAJES del Extremo Oriente.

El **MAMÍFERO** que **SE ENCUENTRA A MAYOR ALTURA** es el **YAK,** que vive en la **MESETA DEL TÍBET** a una altura de hasta **6100** m.

Se **ESTIMA** que hay unos **1500 MILLONES** de **VACAS** criadas en **GRANJAS** por su carne y su leche.

Los **ÑÚES** se unen a las **CEBRAS** y los **BÚFALOS** en su ruta **CIRCULAR DE MIGRACIÓN** alrededor de África, que cubre unos **1450 KM.**

Los **cuernos** del **macho** de la **ímpala** alcanzan los **92 cm.**

El **antílope cuadrícorne** es el **ÚNICO MAMÍFERO CON 4 CUERNOS.**

El antílope **MÁS PEQUEÑO** es el **ANTÍLOPE ENANO**, con una altura de solo **30 cm.**

El **búfalo de agua salvaje** asiático puede llegar a pesar hasta **1200 KG.**

Los **CUERNOS** del **BÚFALO DE AGUA SALVAJE** miden **4,2 m**, **LOS MÁS LARGOS DE CUALQUIER ANIMAL.**

UNA OVEJA AUSTRALIANA QUE SE ESCAPÓ de una granja produjo en libertad **41 KG DE LANA DE UNA VEZ: 8 VECES MÁS** de lo habitual.

Los **ÑÚES** se agrupan en **MANADAS** de hasta **1,3 MILLONES** en su **MIGRACIÓN ANUAL** a través de **KENIA** y **TANZANIA.**

A principios del **SIGLO XIX**, en **NORTEAMÉRICA** había **60 MILLONES** de **BISONTES.**

El **MÁS ALTO** de la familia es el **GAUR**, que mide hasta **2,2 m** desde las pezuñas hasta la cerviz.

CHINA tiene la **MAYOR CABAÑA DE OVEJAS** del mundo con más de **136 MILLONES.**

Jabalíes y CERDOS

La familia de los cerdos incluye también los jabalíes y los babirusas. La mayoría tienen el cuerpo fornido, la cabeza grande, las patas cortas y un hocico muy sensible.

Las **9 ESPECIES DE CERDOS** son nativas de **3 continentes:** Europa, África y Asia.

Los miembros de la **FAMILIA** de los **CERDOS** tienen **4 dedos** por pie, pero **CAMINAN** solo **SOBRE LOS 2 CENTRALES.**

El **CERDO DOMÉSTICO MÁS LONGEVO** que se conoce fue **BABY JANE,** que vivió **23 AÑOS Y 121 DÍAS** en Illinois, EE. UU.

El **JABALÍ VERRUGOSO** ha perdido más del **95%** de su **HÁBITAT NATURAL** y hoy está en **RIESGO crítico DE extinción.**

En el mundo hay **1000 MILLONES** de **CERDOS DOMÉSTICOS.**

EN 1993, en Inglaterra, una cerda dio a luz **37 CERDITOS:** oficialmente, la **MAYOR CAMADA NUNCA VISTA.**

El **HILÓQUERO AFRICANO** es el **campeón de los pesos pesados** de la familia de los cerdos, con **270 KG,** tanto como un piano de un cuarto de cola.

Los **CERDOS** tienen un **30% MÁS DE RECEPTORES OLFATIVOS QUE LOS PERROS,** y pueden **detectar olores** hasta **7,5 m BAJO TIERRA.**

El **JABALÍ ENANO** solo alcanza los **25 cm, LA MISMA ALTURA QUE UN GATO DOMÉSTICO.**

El **JABALÍ VERRUGOSO DE CÉLEBES,** en Indonesia, **PUEDE VIVIR** a una altitud de **2500 m.**

En **AUSTRALIA,** hay unos **24 millones** de **jabalíes.** Son tantos como la población humana.

El **JABALÍ VERRUGOSO** puede correr a una **VELOCIDAD** de **48 KM/H.**

A los **jabalíes barbudos** no les gusta vivir solos. Se reúnen en **GRUPOS** de hasta **200.**

Los **2 CUERNOS SUPERIORES** del **BABIRUSA** ¡son **DIENTES!** Estos **incisivos curvos** les crecen a través de la piel y alcanzan los **30 cm.**

Llamas, jirafas y
CAMELLOS

Estos tres mamíferos son ungulados (con pezuñas) y tienen un número par de dedos. Los camellos, las llamas y las jirafas solo tienen dos dedos duros en cada pata. Los camellos y las llamas tienen patas anchas y acolchadas que les ayudan a transportar cargas pesadas. La jirafa tiene una coz tan potente que podría matar a un león.

UN CAMELLO BEBE
¼
DE SU PESO en agua **DE UNA SOLA VEZ.**

Solo **1 típo** de camello vive en **LIBERTAD**: el **camello salvaje.**

El **CAMELLO BACTRIANO** puede **SOBREVIVIR A TEMPERATURAS** entre
40°C
y
−29°C.

El **camello más grande** es el **DROMEDARIO**, que mide **3,5 m** de longitud y pesa hasta **690 KG.**

Ningún animal tiene el **CUELLO** tan largo como la **jírafa**. Mide **1/3 DE SU ALTURA.**

Un **dromedarío** puede **LLEVAR** una **PESADA CARGA** de hasta **40 KM** durante **UN DÍA.**

Las **LLAMAS** no tienen **níngún íncísívo EN LA MANDÍBULA SUPERIOR,** sino una placa gomosa que les ayuda a masticar los vegetales.

La **llama** tiene **3 estómagos,** lo que le permite digerir alimentos muy duros.

El **DROMEDARIO GUARDA 36 KG** de **GRASA EN SU JOROBA** que puede descomponer en agua y energía cuando lo necesita.

El **CAMELLO** tiene **2 FILAS DE LARGAS PESTAÑAS** que **PROTEGEN SUS OJOS de la arena.**

La **jírafa** es el **ANIMAL MÁS ALTO. MÁS QUE 3 ADULTOS** subidos uno sobre el otro.

La **CRÍA DE LA JIRAFA** mide **1,8 m AL NACER** y puede **CAMINAR PASADOS 30 MINUTOS.**

El **CUELLO DE LA JIRAFA** tiene solo **7 huesos,** los mismos que el de un ratón o el de una persona.

La **jírafa masáí** es la **MÁS ALTA DE TODAS.** El macho tiene una altura de **6 m.**

La **jírafa** tiene la **LENGUA NEGRA** y la extiende **45 cm** para alcanzar las hojas.

Pese a ser tan altas, las **jírafas** son **RÁPIDAS. PUEDEN CORRER** a **59,5 KM/H** en distancias cortas.

CETÁCEOS

dentados

Los delfines y las marsopas son cetáceos dentados, igual que los narvales y las orcas. El delfín es un mamífero inteligente y juguetón, y un gran nadador gracias a sus aletas y su poderosa cola. Está muy emparentado con las marsopas, que suelen ser animales más pequeños y de cabeza redondeada.

Con su **LARGO HOCICO**, el **DELFÍN COMÚN** puede tener hasta **240 DIENTES**, más que cualquier otro delfín.

Con una longitud de **2,6 m**, el **BOTO** es el **DELFÍN DE RÍO MÁS LARGO**. Suele ser de color rosado.

La marsopa **MÁS LARGA** es la **MARSOPA DE DALL**, que alcanza **2,2 m** de largo y pesa **200 KG.**

Los **delfines** detectan a sus presas mediante la **ECOLOCALIZACIÓN**, haciendo rebotar ondas sonoras en **POSIBLES PRESAS**. Algunos delfines emiten hasta **1000 CHASQUIDOS POR SEGUNDO.**

El macho del **narval** tiene el **DIENTE MÁS LARGO** de todos los cetáceos. Puede superar los **3 m** y **PARECE UN CUERNO.**

El **NARVAL SE SUMERGE A UNA GRAN PROFUNDIDAD.** Caza peces a **1500 m** por debajo de la superficie hasta **15 VECES AL DÍA.**

La **ORCA** es el mamífero marino **MÁS RÁPIDO**. Se registró una nadando a **55,5 KM/H.**

Las **orcas** MIGRAN entre **ZONAS DE ALIMENTACIÓN** y pueden recorrer distancias de **MÁS DE 11000 KM.**

El del **CACHALOTE** es el **CEREBRO MÁS GRANDE** del reino animal. Pesa unos **9 KG,** mientras que el **HUMANO PESA** solo **1,4 KG.**

El **delfín** duerme con **1 OJO ABIERTO**, lo que le ayuda a decidir cuándo **RESPIRAR.**

Mientras está **DURMIENDO, LA ½ DEL CEREBRO DEL DELFÍN** continúa **activa** a fin de reaccionar a amenazas y depredadores.

La **ORCA** puede **VIVIR** hasta **80 AÑOS.**

Existen unos **70 TIPOS** de **CETÁCEOS DENTADOS.**

El delfín **MÁS PEQUEÑO** es el **delfín de cabeza blanca.** Vive en aguas de Nueva Zelanda y **NO SUPERA 1,6 m.**

Una **VAINA** es un grupo de **DELFINES.** Más de **1000 DELFINES** pueden formar **1 VAINA.**

Solo quedan unas **10 VAQUITAS MARINAS** en aguas de **CALIFORNIA**, Estados Unidos. Son los mamíferos marinos **MÁS RAROS.**

El mamífero con el **LATIDO MÁS LENTO** es la **ballena azul.** Su corazón late **4–8 VECES POR MINUTO.**

Una hembra de **BALLENA AZUL** avistada en **1947** es el **ANIMAL MÁS PESADO JAMÁS REGISTRADO.** Pesaba **190 TONELADAS,** tanto como **32 ELEFANTES AFRICANOS.**

Tiempo atrás **HABÍA CENTENARES DE MILES DE BALLENAS AZULES,** pero **AHORA** quedan **MENOS DE 3000.**

LA MAYORÍA DE LAS BALLENAS VIVEN 20–100 años, pero la **BALLENA BOREAL** vive **MÁS DE 200 años.**

La **BALLENA FRANCA** tiene una **GRAN CABEZA** que puede llegar a medir hasta **1/3** de su **LONGITUD CORPORAL TOTAL.**

Las **BARBAS** de la **BALLENA BOREAL** miden **5,2 m.**

La **BALLENA JOROBADA** puede pasar hasta **7,5 meses** al año **SIN COMER.**

Muchas **ESPECIES DE BALLENAS VIAJAN EN GRUPO,** desde unas pocas hasta más de **1000.**

El **RORCUAL COMÚN** alcanza los **26 m** de longitud, más que una piscina normal.

El **RORCUAL COMÚN** es la ballena **MÁS RÁPIDA** y puede alcanzar los **37 KM/H.**

Al nacer, las **CRÍAS** de la **BALLENA AZUL** miden **8 m.** Esto es, más o menos, la **LONGITUD DE UN AUTOBÚS.**

CETÁCEOS
barbados

Las ballenas son cetáceos barbados y viven en todos los océanos del planeta. Son los animales más grandes que han existido en la Tierra. A diferencia de los cetáceos que tienen dientes, las ballenas barbadas tienen placas fibrosas en las mandíbulas que filtran enormes cantidades de criaturas diminutas, como el plancton, para alimentarse.

CADA DÍA, la **BALLENA AZUL** COME unos **3500 KG** de **KRIL.**

La **BALLENA BOREAL** tiene la **CAPA DE GRASA MÁS GRUESA** que cualquier otro animal, de unos **40 cm.**

El **CETÁCEO BARBADO MÁS PEQUEÑO** es la **BALLENA FRANCA ENANA.** Mide **6,5 m** y pesa **3500 KG.**

Existen **14 especíes** de **CETÁCEOS BARBADOS.**

TOP 10
LOS MAMÍFEROS MÁS LONGEVOS

1

BALLENAS • *Balaena mysticetus* • Aguas del Ártico • Esperanza de vida: **200 AÑOS**

Muchos cetáceos barbados, como la ballena azul y el rorcual común, viven más de 100 años, pero la ballena boreal es la que ostenta el récord. Tiene muy pocos depredadores y puede vivir 200 años.

2

HUMANOS • *Homo sapiens* • Todo el mundo • Esperanza de vida: **72,6 AÑOS**

La persona más anciana de la historia fue la francesa Jeanne Louise Calment, que vivió 122 años y 164 días.

3

ELEFANTES • *Loxodonta africana* • África • Esperanza de vida: **70 AÑOS**

El elefante africano de sabana es la mayor de todas las especies de elefantes y el mamífero terrestre vivo más grande del mundo, pero está en peligro de extinción debido a la caza furtiva.

3

DUGONGOS • *Dugong dugon* • Aguas de Asia y Australia • Esperanza de vida: **70 AÑOS**

Aunque de aspecto muy distinto, se emparentan con los elefantes, con quienes comparten antepasados de hace 50 millones de años.

5

DELFINES • *Stenella coeruleoalba* • Mares tropicales y templados • Esperanza de vida: **58 AÑOS**

De entre las 40 especies de delfines, los delfines listados pueden vivir 50 años o incluso más.

6

MANATÍES • *Trichechus* • Aguas de África y América Central y del Sur • Esperanza de vida: **55 AÑOS**

Aunque un manatí pasa toda su vida en el agua, debe salir a respirar cada 3-4 minutos.

7

FOCAS • *Pusa sibirica* • Lago Baikal, Rusia • Esperanza de vida: **52 AÑOS**

La mayoría de las focas viven unos 35 años, pero se sabe que las focas del lago Baikal, en Rusia, viven hasta dos décadas más.

8

CAMELLOS • *Camelus bactrianus* • Asia central • Esperanza de vida: **50 AÑOS**

Los camellos bactrianos tienen dos jorobas y fuertes músculos, ideales para transportar cargas pesadas. Son grandes nadadores.

9

CHIMPANCÉS • *Pan troglodytes* • África central y occidental • Esperanza de vida: **45 AÑOS**

Los chimpancés utilizan herramientas, abren nueces con piedras y usan esponjas para recoger agua.

9

EQUIDNAS • *Tachyglossus aculeatus* • Australia y Nueva Guinea • Esperanza de vida: **45 AÑOS**

Los equidnas son la especie de mamífero más antigua que vive en la Tierra y es la que tiene la temperatura corporal más baja.

Mofetas, comadrejas y
MAPACHES

Estos carnívoros pertenecen a la misma familia de mamíferos. Los tres están cubiertos de pelo y viven en zonas boscosas. A las comadrejas les gusta alimentarse de ratones y topillos. A las mofetas, comer conejos y roedores. Los mapaches prefieren las semillas y las bayas, pero también comen peces, insectos y pájaros.

Solo el **0,1%** de las personas **NO HUELEN** el **HEDOR DE LA MOFETA.**

Una persona nota el olor del **MAMÍFERO MÁS APESTOSO,** la **MOFETA RAYADA,** a **1 KM** de distancia.

El **MAPACHE DE COZUMEL** es la especie **MÁS RARA.** En esta isla de México viven unos **190 adultos.**

El **MAPACHE DE COZUMEL,** o **PIGMEO,** es el **MÁS PEQUEÑO,** con una longitud de solo **58cm.**

Una **CRÍA DE MOFETA NO VE NI OYE** hasta que pasan **3 semanas** de su nacimiento.

Durante el **FRÍO INVERNAL,** la **MOFETA** puede **PERDER 1/2 DE SU PESO CORPORAL.**

La **COLA DEL MAPACHE** tiene **5–10 anillos oscuros** característicos.

La **COMADREJA** puede tener **30 crías EN UN AÑO,** con **2 CAMADAS de 15 CRÍAS CADA UNA.**

Las **RAYAS** de la **MOFETA** son un **AVISO.** Indican la posición de las **2 glándulas** que **SEGREGAN EL OLOR.**

La **MOFETA** puede apuntar **SU EXCRECIÓN** hacia un predador situado a una distancia de hasta **2 m.**

El **0,01%** de los **MAPACHES** son albinos y tienen la **PIEL BLANCA.**

El **GLOTÓN** parece un oso pequeño. Con una longitud de **1 m,** es el **MÁS GRANDE DE LA FAMILIA DE LAS COMADREJAS.**

La **COMADREJA CAZA DÍA Y NOCHE** y come por lo menos **5 veces AL DÍA.**

La **comadreja menor** es una **LETAL CAZADORA,** capaz de **MATAR ANIMALES QUE PESAN 10 veces MÁS QUE ELLA.**

Con **30 cm** de longitud, la **COMADREJA MENOR** es el **MAMÍFERO CARNÍVORO MÁS PEQUEÑO** de todos.

Con sus **5 DEDOS, ÁGILES Y FUERTES,** el **MAPACHE** es capaz de **GIRAR LA MANILLA DE UNA PUERTA Y ABRIR UN PESTILLO.**

Misteriosos
MONOTREMAS

Los equidnas y los ornitorrincos son monotremas, es decir, unos mamíferos que ponen huevos de cáscara blanda. Viven en Nueva Guinea y Australia. El ornitorrinco tiene pico plano y patas palmeadas.

Con más de **8 horas** de **SUEÑO REM** al día, el **ORNITORRINCO** es el mamífero que duerme **MÁS HORAS** en la fase en la que **TIENEN LUGAR LOS SUEÑOS.**

Se estima que los **MONOTREMAS EVOLUCIONARON** hace más de **120 millones DE AÑOS.** Es uno de los **GRUPOS DE MAMÍFEROS MÁS ANTIGUOS.**

La hembra del **equidna** suele **PONER** solo **1 huevo** al año.

El **ORNITORRINCO** tiene **4 PATAS PALMEADAS.**

El **EQUIDNA** tiene una **LENGUA PEGAJOSA** de **15 cm** con la que atrapa gusanos y hormigas.

Hay un total de **5 MONOTREMAS: 4** especies de **EQUIDNA** y el **ORNITORRINCO.**

Con **30–33°C** los **equidnas** son los mamíferos de **TEMPERATURA CORPORAL MÁS BAJA.**

El **ornitorrinco** debe **COMER** el **30%** de su **PESO CORPORAL CADA DÍA**, porque no tiene estómago.

Un **ornitorrinco** macho **RECORRE** más de **10 KM** CUANDO DEAMBULA DE NOCHE EN BUSCA DE PRESAS PARA COMER.

El **MAMÍFERO OVÍPARO MÁS GRANDE QUE HAYA EXISTIDO** fue el extinto *MURRAYGLOSSUS.* Llegaba a pesar **100 KG.**

El **ORNITORRINCO MACHO** tiene **2 espolones venenosos** que **PRODUCEN UNA TOXINA** capaz de **MATAR un perro.**

El **equidna** solo tiene **1 diente**, que usa **PARA SALIR DEL HUEVO**. Mastica la comida con unas placas óseas.

El **ornitorrinco** es el **MONOTREMA MÁS LIVIANO**. El macho pesa apenas **1kg.**

El **ORNITORRINCO INCUBA** sus **HUEVOS BAJO TIERRA** hasta que eclosionan, en **MADRIGUERAS** que pueden tener **30m** de longitud.

El **ORNITORRINCO** cuenta con **40 000 receptores eléctricos** en el pico con los que **DETECTA ANIMALES** en el lodo.

La **CRÍA** del **EQUIDNA** vive en la **BOLSA MATERNA** unos **53 días,** cuando sus afiladas púas comienzan a aparecer.

181

MASCOTAS
de cuatro patas

Los perros y los gatos son excelentes animales de compañía. Se estima que hay unos 900 millones de perros y 600 millones de gatos en todo el mundo. Su popularidad varía según los países. En Japón hay más perros que gatos, y en Estados Unidos hay más gatos. Muchos otros mamíferos pueden ser también buenas mascotas.

Los **HUMANOS** comenzamos a domesticar **LOBOS** y a tenerlos **COMO MASCOTAS** hace unos **15000 años.** Todos los **PERROS DOMÉSTICOS ESTÁN EMPARENTADOS CON LOS LOBOS**.

El **PERRO MÁS ALTO** registrado fue **ZEUS,** un **GRAN DANÉS** de **ESTADOS UNIDOS** con una altura de **111,8 cm.**

Cada **PERRO** tiene algo **ÚNICO:** la **huella de su naríz.** En este sentido **EQUIVALE A LA HUELLA DACTILAR HUMANA.**

El **perro** es el **único** mamífero, **ADEMÁS DE LOS HUMANOS,** que ha **ESTADO TANTO EN EL POLO NORTE COMO EN EL SUR.**

El **BORDER COLLIE** se considera la **RAZA** de perro **MÁS INTELIGENTE.** Puede **ENTENDER UNAS 250 palabras.**

Un **GATO** llamado **STUBBS** fue el **ALCALDE** de Talkeetna, en Alaska, durante **20 años.**

Un **GATO DOMÉSTICO** suele **VIVIR** unos **12–15 años,** pero **CREME PUFF,** una gata de Texas, Estados Unidos, fue la **MÁS LONGEVA.** Vivió **38 años** y **3 días.**

El **PELO** de los **GATOS DE PELAJE LARGO** puede superar los **15 cm** de longitud. El de una **GATA LLAMADA SOPHIE,** de Estados Unidos, tenía **25,7 cm.**

ALGUNAS ESPECIES DE GATOS, como el **MAU EGIPCIO,** pueden **CORRER** a una velocidad de hasta **48 km/h.**

Un **gato** se pasa **2/3** de **SU VIDA DURMIENDO.**

La **RAZA DE GATO MÁS PEQUEÑA** es la **SINGAPURA,** de Singapur. Las hembras adultas pesan solo **1,8 kg.**

El **OLFATO DEL PERRO** es **40 veces MEJOR QUE EL NUESTRO.**

Al nacer, los **CACHORROS** no oyen ni ven. Tardan unas **2 semanas** en **ABRIR LOS OJOS** y unas **6 semanas** en **COMENZAR A OÍR.**

La **CHINCHILLA** es el **ANIMAL TERRESTRE** con el **PELO MÁS DENSO. A LOS HUMANOS NOS CRECE 1 pelo** por folículo; a la **CHINCHILLA, MÁS DE 50.**

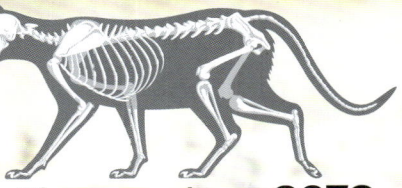

El cuerpo de un **GATO** tiene unos **230 huesos.** El de una **PERSONA** tiene **206.**

El **CORAZÓN** del **HURÓN** late unas **300 VECES POR MINUTO.** El corazón del **gato** late unas **120–160 VECES POR MINUTO.**

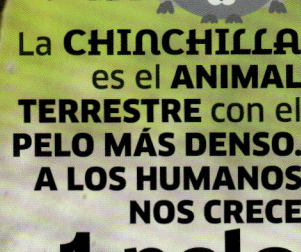

GLOSARIO

Abdomen
En los insectos, es la posterior de las tres secciones centrales del cuerpo. En los vertebrados, es la parte del cuerpo que contiene el estómago y los intestinos.

Agallas
Órganos utilizados por los peces y otros animales acuáticos para obtener oxígeno del agua.

Albino
Animal de aspecto blanco o rosado debido a que sus células no producen melanina, necesaria para dar color a los ojos, la piel y el pelo.

Aleta
Extremidad en forma de remo de un mamífero o reptil acuático.

Alimentación por filtración
Sistema por el que un animal se alimenta tragando grandes cantidades de agua, de la que retiene las partículas de alimento en suspensión.

Ancestro
Criatura a partir de la que un animal ha evolucionado.

Anfibio
Animal vertebrado que comienza su vida en el agua como larva (a menudo llamada renacuajo), pero que de adulto respira aire y vive, al menos en parte, en tierra firme.

Antena
Uno de los órganos sensoriales de la cabeza de algunos invertebrados, como los insectos, con los que detectan olores, sabores y vibraciones.

Arácnido
Invertebrado de ocho patas, como una araña o un escorpión.

Artrópodo
Animal que tiene el cuerpo segmentado y un exoesqueleto, una capa protectora dura, que le recubre el cuerpo.

Banco
Gran número de peces que nadan juntos formando un grupo. Un banco puede estar formado por una sola especie o por especies distintas.

Batoideos
Suelen conocerse como rayas. Peces de cuerpo plano con esqueleto hecho de cartílago en lugar de hueso.

Bivalvos
Animales de cuerpo blando que viven en un caparazón de dos partes articuladas.

Bosque tropical
Bosque denso, situado en una zona tropical, que recibe fuertes precipitaciones.

Camada
Crías que nacen de una misma gestación.

Camuflaje
Disfraz —generalmente en forma de marcas— que ayuda a un animal a mimetizarse con su entorno.

Capullo
Estuche sedoso que encierra y protege a las orugas mientras se convierten en adultas.

Carnívoro
Animal que solo come carne.

Cartílago
Tejido firme y flexible que forma parte del esqueleto de algunos vertebrados. En los tiburones, todo el esqueleto está formado por cartílago.

Cefalópodos
Grupo de moluscos marinos que incluye calamares, pulpos y sepias.

Clorofila
Pigmento verde de las plantas que les da color y les ayuda a absorber energía y otros nutrientes.

Cnidoblastos
También conocidos como cnidocitos, son unas células de los corales, medusas y anémonas de mar que segregan una sustancia urticante con la que se protegen.

Colonia
Grupo de animales de una misma especie que viven juntos.

Cortejo
Comportamiento que ayuda a crear un vínculo entre macho y hembra antes del apareamiento.

Crustáceo
Tipo de artrópodo principalmente acuático, de caparazón duro y con dos pares de antenas, como el cangrejo.

Decibelio
Unidad de medida del volumen o intensidad de un ruido.

Dentículos
Escamas rugosas y dentadas que cubren la piel del tiburón. Disminuyen la

resistencia y le permiten nadar más rápido.

Depredador
Animal que caza, mata y se come a otros animales, como el león o el lobo.

Dientes incisivos
En los mamíferos, dientes situados en la parte anterior de la mandíbula.

Diurno
Activo durante el día. Lo contrario es nocturno, es decir, activo de noche.

Ecolocalización
Una de las formas que tienen los delfines y los murciélagos de orientarse y localizar comida. Consiste en enviar señales sonoras y escuchar el eco que rebota en los objetos que los rodean.

Ecuador
Línea imaginaria a la misma distancia entre los Polos Norte y Sur. Las temperaturas son más altas cerca de ella.

Electrorreceptores
Órganos sensoriales que detectan las señales eléctricas y el movimiento, y que ayudan al animal a localizar a su presa.

Emplumecimiento
Cuando un ave joven ha desarrollado las plumas de las alas lo suficiente para volar.

Envergadura alar
Longitud entre las puntas de las alas de un ave o insecto cuando estas están extendidas.

Equinodermos
Grupo de invertebrados marinos de piel espinosa que incluye los erizos de mar y las estrellas de mar.

Escudo
El escudo es una parte del caparazón de las tortugas o la piel de los cocodrilos. Es una placa ósea externa con una capa dura en su parte superior.

Especie
Grupo de organismos que solo se reproducen entre sí.

Espolón
Garra afilada que se curva. Se encuentra en aves, reptiles, muchos mamíferos y algunos anfibios. Se utiliza para excavar, trepar o agarrarse.

Esponja
Animal marino primitivo de cuerpo poroso.

Esqueleto
Armazón de huesos u otras piezas duras que sostiene el cuerpo de un animal y le proporciona puntos de fijación para los músculos.

Exoesqueleto
Esqueleto externo que recubre, sostiene y protege a algunos invertebrados, sobre todo los insectos.

Extinta
Especie que había existido en una época anterior y que ya ha desaparecido a consecuencia de la muerte de todos sus individuos.

Folículo
Cavidad en forma de saco o bolsa formada por un grupo de células. El pelo crece en los folículos de la piel.

Gastrópodo
Criatura sin columna vertebral, como un caracol o una babosa.

Glándula
Órgano que produce y libera determinadas sustancias químicas, como hormonas, leche o sudor.

Hábitat
Entorno natural en el que vive un animal.

Herbívoro
Animal que solo se alimenta de plantas.

Hercio
Unidad de frecuencia, a menudo usada para indicar el número de vibraciones sonoras transmitidas en un segundo.

Hibernación
Capacidad de un animal de reducir la frecuencia cardiaca y la temperatura corporal para estar inactivo durante los meses más fríos.

Hidrozoos
Clase de animales marinos y de agua dulce entre los que se incluyen el coral, las anémonas de mar y las medusas.

Himenópteros
Grupo de insectos que incluye las abejas y las avispas.

Huevo
Cápsula de cáscara dura en la que se desarrolla el animal antes de eclosionar. También es una célula reproductora producida por las hembras.

Invertebrado
Animal que carece de columna vertebral.

Larva
Forma inmadura, a menudo parecida a gusano, que nace de los huevos de muchos insectos y otros invertebrados.

Madriguera
Agujero o túnel en el suelo excavado por un animal, que lo utiliza como lugar para vivir y criar.

Mamífero
Animal de sangre caliente con columna vertebral. Produce leche para alimentar a sus crías.

Marino
Que se encuentra en el mar. Se utiliza para distinguir entre especies de agua dulce y salada.

Marsupial
Mamífero que da a luz a crías inmaduras, que viven en una bolsa en el vientre de la madre hasta que crecen.

Matriarca
Líder femenina de un grupo de animales. Los demás buscan en ella seguridad y alimento.

Metamorfosis
Transformación de la forma joven de ciertos animales a su forma adulta, de aspecto muy diferente; por ejemplo, de una oruga a una polilla.

Microscópico
Algo tan pequeño que solo es visible con un microscopio.

Migración
Viaje que emprende un animal en cierta época del año, en general para buscar alimento o para reproducirse.

Muda
En los artrópodos es el desprendimiento del exoesqueleto que les permite poder seguir creciendo. En los vertebrados es el cambio de piel, pelo o plumas. Los mamíferos y las aves mudan a fin de poder mantenerse en buen estado, adaptarse al clima o prepararse para la reproducción.

Newton
Unidad de medida de la intensidad de una fuerza.

Nocturno
Activo por la noche. Lo contrario es diurno, activo durante el día.

Odonatos
Este nombre, que significa «dentados», se da al grupo de insectos voladores carnívoros que incluye libélulas y caballitos del diablo.

Ojo compuesto
Un ojo formado por muchas partes pequeñas, cada una con su propia lente.

Ojo parietal
Ojo situado en la parte superior de la cabeza de ciertos vertebrados. A veces se conoce como tercer ojo.

Olor
Aroma característico que suele producir un animal en su orina para atraer a su pareja, marcar su territorio o advertir a los depredadores.

Omnívoro
Animal que se alimenta tanto de plantas como de otros animales.

Organismo
Ser vivo, como un animal, una planta o un hongo.

Paseriformes
Más de la mitad de las especies de aves son paseriformes. También se las conoce como aves cantoras o aves perchadoras, debido a la disposición de sus dedos.

Peligro de extinción
Los animales están en peligro debido a la pérdida de hábitat, la caza furtiva o las especies invasoras.

Plumaje
Capa de plumas que recubre un ave para darle protección y aislamiento, y que le da su forma.

Polinizar
Llevar el polen de una planta a otra para que puedan producirse nuevas semillas vegetales.

Prehistoria
Periodo de la historia anterior a que hubiera registros escritos.

Prensil
Capaz de enrollarse alrededor de un objeto y agarrarlo. La cola de un caballito de mar o un camaleón, por ejemplo, es prensil.

Presa
Animal cazado, matado y devorado por un depredador.

Primate
Tipo de mamífero que incluye loris, monos, simios y humanos. Todos los primates tienen ojos que miran hacia delante y manos que agarran.

Primitivo
Algo que es más simple o más básico de lo que llegará a ser, debido a que se encuentra en la fase inicial de su desarrollo evolutivo.

Probóscide
Nariz de un animal o conjunto de piezas bucales que tienen forma de nariz. En los insectos que se alimentan de fluidos, la probóscide suele ser delgada y larga, y normalmente puede guardarse cuando no se utiliza.

Protodonatos
Rápidos insectos voladores que parecen grandes odonatos (libélulas y caballitos del diablo) y datan de hace al menos 325 millones de años.

Pupa
Etapa del ciclo vital de ciertos insectos en la que la larva está protegida por un estuche especial mientras se metamorfosea en la forma adulta.

Ratite
Grupo de aves grandes, de cuello largo y en su mayoría no voladoras.

Receptor
Una célula o un grupo de células que perciben y responden a estímulos como el tacto, el calor, la luz, el sonido o las sustancias químicas.

Regurgitar
Acción en la que la comida que se ha tragado vuelve a subir a la boca. Las aves lo hacen para alimentar a sus crías.

Renacuajo
Estado larvario acuático de los anfibios, sobre todo las ranas y los sapos. Se metamorfosea de manera gradual en un adulto que respira aire.

Reptil
Animal de sangre fría que suele respirar aire y tiene el cuerpo escamoso. No tiene crías vivas, sino que suele poner huevos.

Retráctil
Algo que se puede retraer, como garras o dientes.

Segmento
Una de las partes que conforman el cuerpo de los animales segmentados, como los artrópodos y los gusanos anélidos.

Tentáculo
Apéndice delgado, en forma de cola o prensil, utilizado a menudo para cazar.

Territorio
Área ocupada por un animal o grupo de animales de la que están excluidos otros miembros de la misma especie.

Tiempo de gestación
En los mamíferos, el intervalo entre la fecundación y el nacimiento, en que las crías en desarrollo son alimentadas por la madre a través de la placenta.

Tórax
En los vertebrados cuadrúpedos, parte del cuerpo situada entre el cuello y el abdomen, a veces llamada tórax. En los artrópodos, la parte central del cuerpo que lleva las patas y las alas, si están presentes.

Tropical
La zona situada al norte y al sur del ecuador, caracterizada por temperaturas y humedad elevadas.

Ultravioleta
Luz con una longitud de onda ligeramente inferior a la de la luz azul visible. Algunos animales pueden verla, pero no los seres humanos.

Venenoso
Animal que produce una toxina para inyectársela a otro animal por mordedura o picadura, ya sea para defenderse o para cazar.

Vertebrado
Animal dotado de una columna vertebral.

Zigodáctilo
Aves cuyas patas tienen dos dedos hacia delante y dos hacia atrás.

Zooplancton
El plancton está formado por organismos flotantes —muchos de ellos microscópicos— que van a la deriva en aguas abiertas, sobre todo cerca de la superficie. Los organismos planctónicos a menudo pueden moverse, pero la mayoría son demasiado pequeños para avanzar contra las corrientes. Los animales planctónicos se llaman zooplancton.

ÍNDICE

Los números de página en **negrita** incican la entrada principal sobre el tema.

 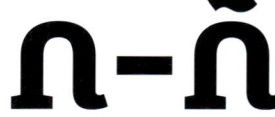